国学经典丛书
名家注译本

鬼谷子 三十六计

方弘毅 廉超 注译

长江出版传媒
长江文艺出版社

图书在版编目（CIP）数据

鬼谷子·三十六计 / 方弘毅，廉超注译. -- 武汉：长江文艺出版社，2019.6(2023.9 重印)
(国学经典丛书. 第二辑)
ISBN 978-7-5702-0432-8

Ⅰ. ①鬼… Ⅱ. ①方… ②廉… Ⅲ. ①纵横家②《鬼谷子》－注释③《鬼谷子》－译文④兵法－中国－古代⑤《三十六计》－注释⑥《三十六计》－译文 Ⅳ. ①B228 ②E892.2

中国版本图书馆 CIP 数据核字(2018)第 102137 号

责任编辑：周　阳　　责任校对：毛季慧
封面设计：新华智品　　责任印制：邱　莉　王光兴

出版：长江出版传媒 | 长江文艺出版社
地址：武汉市雄楚大街 268 号　　邮编：430070
发行：长江文艺出版社
http://www.cjlap.com
印刷：三河市百盛印装有限公司

开本：880 毫米×1230 毫米　1/32　　印张：6.75
版次：2019 年 6 月第 1 版　　2023 年 9 月第 2 次印刷
字数：92 千字

定价：68.00 元

总　序

郭齐勇　武汉大学国学院院长

国学大师钱穆先生曾说“今人率言‘革新’，然革新固当知旧”。对现代人尤其是青年一代来说，缺乏的也许不是所谓的“革新力量”，而是“知旧”，也即对传统的了解。

中国文化传统的源头，都在中国古代经典当中。从先秦的《诗经》《易经》，晚周诸子，前四史与《资治通鉴》，骚体诗、汉乐府和辞赋，六朝骈文，直到唐诗、宋词、元曲和明清小说，在传统经典这条源远流长的巨川大河中，流淌着多少滋养着我们精神的养分和元气！

《说文解字》上说“经”是一种有条不紊的编织排列，《广韵》上说“典”是一种法、一种规则。经与典交织运作，演绎中国文化的风貌，制约着我们的日常行为规范、生活秩序。中国文化的基调，总体上是倾向于人间的，是关心人生、参与人生、反映人生的，当然也是指导人生的。无论是春秋战国的诸子哲学，汉魏各家的传经事业，韩柳欧苏的道德文章，程朱陆王的心性义理；还是先民传唱的诗歌，屈原的忧患行吟，都洋溢着强烈的平民性格、人伦大爱、家国情怀、理想境界。尤其是四书五经，更是中国人的常经、常道。这些对当下中国人治国理政，建构健康人格，铸造民族精魂都具有重要意义。经典是当代人增长生命智慧的源头活水！

长江文艺出版社历来重视中华民族优秀传统文化的传播及普及，近年来更在阐释传统经典、传承核心文化价值、建构文化认同的大纛下努力向中国古典文化的宝库掘进。他们欲推出《国学经典丛书》，殊为可喜。

怎么样推广这些传统文化经典呢？

古代经典和现代读者的阅读习惯及趣味本来有一定差距，如果再板起面孔、高高在上，只会让现代读者望而生畏。当然，经典也不是任人打扮的小姑娘，一味将它鸡汤化、庸俗化、功利化，也会让它变味。最好的办法就是，既忠实于经典的原汁原味，又方便读者读懂经典，易于接受。在这个原则的指导下，《国学经典丛书》首先是以原典为主，尊重原典，呈现原典。同时又照顾现实需要，为现代读者阅读经典扫除障碍，对经典作必要的字词义的疏通。这些必要精到的疏通，给了现代读者一把迈入经典大门的钥匙，开启了现代读者与古圣先贤神交的窗口。

放眼当下出版界，传统文化出版物鱼目混珠、泥沙俱下，诸多出版商打着传承古典文化的旗号，曲解经典，对现代读者尤其是广大青少年认知传承经典起了误导作用。有鉴于此，长江文艺出版社推出的《国学经典丛书》特别注重版本的选取。这套丛书大多数择取了当前国内已经出版过的优秀版本，是请相关领域的名家、专业人士重新梳理的。这些版本在尊重原典的前提下同时兼顾其普及性，希望读者能有一次轻松愉悦的古典之旅。

种种原因，这套丛书必然会有缺点和疏漏，祈望方家指正。

序言一

鬼谷子，其姓名不详，但后人（主要是道士、道教徒）为了神化鬼谷子，伪托了很多名字，如宋元之际的史家马端临在《文献通考·经籍考》中引唐人陆龟蒙的诗说："鬼谷先生，名训。"又如，明代李杰在《道藏目录详注》中说："鬼谷先生，晋平公时人，姓王名诩，不知何许人，受道于老君。"关于鬼谷一名的由来，南朝史家裴骃在《史记集解》中记载："颍川阳城有鬼谷，盖是其人所居，因为号。"又，唐人司马贞在《史记索隐》说："鬼谷，地名也。扶风池阳、颍川阳城并有鬼谷墟，盖是其人所居，因为号。又乐壹注《鬼谷子》书云'苏秦欲神秘其道，故假名鬼谷'。"

鬼谷子的生卒年亦不详，据上述《道藏目录详注》记载，鬼谷子为"晋平公时人"。又，宋初编撰的《太平广记》卷四引《仙传拾遗》说："鬼谷先生，晋平公时人，隐居鬼谷，因为其号。先生姓王名栩，亦居青溪山中。"晋平公与老君皆为春秋时人。但西汉司马迁所著《史记·苏秦列传》中说苏秦"东师事于齐，而习之于鬼谷先生"，《史记·张仪列传》也记载张仪"始尝与苏秦俱事鬼谷先生学术"。而苏秦与张仪皆战国后期人。钱穆在《先秦诸子系年》中推算鬼谷子的活动年代大致在公元前390年至前320年之间。

鬼谷子是先秦纵横家的鼻祖，其弟子有上述《史记》所记载的张仪与苏秦。关于他们师事鬼谷子的记载，西汉扬雄在《法言·渊骞篇》也说："仪、秦学乎鬼谷术，而习乎纵横言，安中国者各十余年。"东汉王充在《论衡·明雩篇》言："苏秦、张仪悲说坑中，鬼谷先生泣下沾襟。"但也有史家质疑此说。而孙膑与庞涓师事鬼谷子的典故则无正史记载，可能于晚唐在民间开始流传，明代冯梦龙的章回体小说《东周列国志》中有具体描述。当然，此不作为信史。

《鬼谷子》最早是分为三个部分在先秦时期各自单独流传。到了西汉，刘向对《鬼谷子》的整理成书作了重要贡献。西晋时期，皇甫谧给《鬼谷子》作注，此时《鬼谷子》已成三卷本。《隋书·经籍志》记载："《鬼谷子》三卷，皇甫谧注。鬼谷子，周世隐于鬼谷"，另有"《鬼谷先生占气》一卷"。这个版本一直流传至今，尽管出现了残缺，但是《鬼谷子》一书的基本原貌还是留存下来。

关于《鬼谷子》成书的争论古已有之，真伪问题主要围绕在中国最早的目录学文献《汉书·艺文志》并未收录《鬼谷子》。唐代柳宗元在《辨鬼谷子》中说："汉时刘向、班固录书，无《鬼谷子》。《鬼谷子》后出，而险戾峭薄，恐其妄言乱世，难信。"清代学者姚际恒在《古今伪书考》中也认为《鬼谷子》为

“六朝所托无疑”。

针对这一观点，陈蒲清在《鬼谷子详解》中称《穆天子传》《竹书纪年》皆不见于《汉书·艺文志》，却在西晋咸宁五年被盗的战国魏襄王（或魏安釐王）墓葬中发现。因此，《汉书·艺文志》未被收录的作品不可以都断定为伪书。此外，清末俞樾在《鬼谷子真伪考》中以五个方面总结了前人关于《鬼谷子》非伪的各种观点：一是刘向在《说苑·善说》中的引用，二是《淮南子》中“忤合之言四五见”，三是司马迁在《史记·太史公自序》中的引用，四是扬雄在《法言》里提及鬼谷子及其学术，五是《汉书·杜业传赞》中也引用《鬼谷子》的词语。近年以来，马王堆汉墓帛书、阜阳竹简、郭店楚简等文献的出土推动了对《鬼谷子》的研究，学者将其与传世文本相互印证比较，更说明了《鬼谷子》的真实性。此外，许富宏所著《鬼谷子研究》中从出土文献、传世文献、思想史、汉语史等多角度对《鬼谷子》作了详尽地总结与考辨。

今见《鬼谷子》的版本，主要有《道藏本》系统和钱本系统。《道藏本》系统主要版本有正统《道藏》本、明代蓝格传抄《道藏》本、秦恩复于乾隆五十四年的刻本、《四部丛刊》本等。《道藏》本内容多有脱误。钱本是指清代钱曾所藏明嘉靖乙巳抄本，即《陶弘景注鬼谷子三卷》。此本为宋本过录本，《道藏》本《内揵》篇脱文乃据此本得知。秦恩复于嘉庆十年刊刻此本，并加校勘，为今日所见《鬼谷子》嘉庆本，但此本也有脱漏。许富宏所撰《鬼谷子集校集注》在校勘方面用力颇深，是目前最完备的版本。

今本《鬼谷子》分十七篇。《捭阖》《反应》《内揵》《抵巇》《飞箝》《忤合》《揣》《摩》《权》《谋》《决》十一篇，以“阴阳”“捭阖”为基础，论述了各种谋略权术的定义、以及应用于游说时的原理及使用方法。《符言》主旨是君主如何守住内心而不被人窥探，以及如何驭臣的九种权术。《转丸》《胠乱》两篇已经亡佚。《本经阴符七术》主要论述人如何修炼内在神气、意志、智识等来解决外部问题，主张以修炼内在精神为本，由七个部分组成。《持枢》有残缺，主旨是君主治国要顺应自然，抓住事物关键。《中经》主要论述与人交往中御人的策略与技巧，由七个部分组成。

《鬼谷子》一书思想内容十分驳杂，与先秦时期其他诸子的某些思想和观点互相兼容吸收。因此，在学术研究上，有学者从纵横家的角度研究，有学者从兵家的角度研究，也有学者根据马王堆汉墓出土的帛书，从黄老之学的角度研究其与《鬼谷子》中《本经阴符七术》等篇的关系。而这些都说明了《鬼谷子》所具有的重要价值。

《鬼谷子》的核心内容构建了纵横家学说的理论，这些理论尤其体现在《捭阖》《反应》《内揵》《飞箝》《忤合》《揣》《摩》等篇，提供了游说与谋略的技巧与原则。这些篇章依托《老子》中的“道”论建构自己的理论体系，根据《老子》“崇阴尚柔”的思想推出“阴道阳取”的谋略本质，也受《老子》中的丰富的辩论思想所启发，重视“反”的思考立场、“环”的重要思想。这些技巧与原则的运用最终又体现了《鬼谷子》的价值观——纵横。纵横强调灵活性，一切随形势变化而变化。选择合纵还是连横，要根据形势所需而定，这与春秋战国以来的社会现实是相适应的。例如，苏秦先说秦，后为燕文公赏识出使赵国，建立合纵六国以抗秦的联盟，兼佩六国相印。而张仪先入楚国，后入秦国为相，出使游说各国以连横瓦解六国的合纵联盟。秦武王即位后，张仪又入魏国为相。在后世儒家看来，这种灵活性既没有“忠君”观念，也没有“殉道”精神。因此，注重实用的、以最终取得成功为目标的纵横理论，在西汉儒家取得统治地位后即被摒弃。

本书以《鬼谷子》嘉庆本为底本，注释译文主要参照许富宏所撰《鬼谷子集校集注》和陈蒲清所撰《鬼谷子详注》。

序言二

“三十六计”，来源甚早，然其成书年代和作者，至今无准确信息可考。“三十六计”最早见于《南齐书·王敬则传》：“是时上疾已笃，敬则仓卒东起，朝廷震惧。东昏侯在东宫，议欲叛，使人上屋望，见征虏亭失火，谓敬则至，急装欲走。有告敬则者，敬则曰：‘檀公三十六策，走是上计。汝父子唯应急走耳。’敬则之来，声势甚盛，裁少日而败，时年七十余。”《南史·王敬则传》则增加了一句“盖讥檀道济避魏事”的评语。《资治通鉴》中的记载与《南史》相同。

据此，“三十六计，走为上策”当源出于南朝宋时人檀道济。檀道济避魏事，《南史·檀道济传》中有详细记载：“道济都督征讨诸军事，北略地，转战至济上，魏军盛，遂克滑台。道济时与魏军三十余战，多捷，军至历城，以资运竭，乃还。时人降魏者具说粮食已罄，于是士卒忧惧，莫有固志。道济夜唱筹量沙，以所余少米散其上。及旦，魏军谓资粮有余，故不复追，以降者妄，斩以徇。时道济兵寡弱，军中大惧。道济乃命军士悉甲，身自服乘舆，徐出外围。魏军惧有伏，不敢逼，乃归。道济虽不克定河南，全军而反，雄名大振。魏甚惮之，图之以禳鬼。还，进位司空，镇寿阳。”王敬则讥讽檀道济事，实为古代战争中在彼此力量对比悬殊时退却战的典范，这是在处于困境中迫不得已才运用的最后一计。在《三十六计》中被列为第三十六计，为败战计。应当说，“走为上策”是恰当的，运用此计可以转危为安。

此外，北宋僧人惠洪撰写的《冷斋夜话》卷九中，记载渊材出门吃茶忘记带茶钱，而假装逃跑吃霸王餐的奇闻逸事，渊材云：“三十六计，走为上计。”这也是见到较早的说法之一。不过，除这“走为上计”外，史书中对其他三十五计是什么，并无记载。“三十六计”的计名，常以成语组成，在元明戏曲和小说中非常常见。明清时期，还有“三十六着”的说法。朱琳《洪门志》记载有“三十六着”的名称，他在注中指出：“三十六着，又称三十六计，即三十六种计策，用兵处世，无往不利，所谓‘神机妙算’，故称之为‘洪门哲学’。”据此，解放军政治学院无谷先生推测《三十六计》的形成或与历史上的反清运动有关，其成书年代当在晚明或清代。民国报刊资料中，出现了大量关于“三十六计”计名的各种说法，任力先生在《〈三十六计〉初探》一文中，进而认为《三十六计》的成书应该有一个过程，中间有很多版本，到清代洪门的“三十六着”则是某一版本的文字定型。

目前，据已知的相关材料，《三十六计》最早刊行的版本，是 1941 年 10 月由成都瑞琴楼发行，兴化印刷厂用土纸印制的翻印本，小 32 开，旁注小字“秘本兵法”，无作者和年代。翻印本上有简短的说明，说原书是抄本，1941年在邠州（现陕西郴县）某书摊上发现，抄本前部“都系养生之谈，而末尾数十篇，附抄三十六计，解释皆用并发，然后知其果为兵法也”。这个本子是由叔和在成都偶然购得，1961年9月16日，叔和在《光明日报·东风副刊》撰文说：“十几年前，我在成都一个冷摊上无意中发现一本土纸印的小册子，封面书《三十六计》，旁注小字‘秘本兵法’。”据任力先生介绍，1962年8月，叔和将翻印本赠给了北京的解放军政治学院。《中国兵书集成》第40卷收录的无谷先生《三十六计》序言讲：“我院图书资料馆为介绍兵学资料，曾借叔和同志藏本打印，现据打印本翻印，并简作校注标点。”此序言写于1962年2月18日，可见无谷先生最先据此本进行了译注工作，并出版过内部油印本。后公开发行最早的版本是无谷译注，吉林人民出版社1979年出版的《三十六计》，其中对这个土纸本的流传也有介绍。

1973年，武汉军区为研究我国历史上的儒法斗争，曾编印了《三十六计今译》，并说明是“综合几种版本整理而成”，但未交代这几个版本的来源，对比无谷先生译注的《三十六计》和武汉军区的《三十六计今译》，原文按语部分确有不同之处。改革开放以后，曾经掀起过一股《三十六计》的热潮，主要有李炳颜先生1981年在战士出版社出版的《三十六计新编》，无谷先生1991年在吉林文史出版社出版的《绘图三十六计》，马森亮先生1991年在湖南出版社出版的《三十六计：正续编》，刘建国先生2004

年在中州古籍出版社出版的《三十六计》，李明阳先生2005年在黄山书社出版的《三十六计：谋略经典》等，一时之间，蔚为大观。

关于《三十六计》的内容，按数字排序共三十六种计策。书中全计共分为六套，分别是胜战计、敌战计、攻战计、混战计、并战计和败战计。每套计又各分别列为六计，总共三十六计。前三套计策是处于优势之计，后三套计策是处于劣势之计。这两类计策多属于兵家诡道之谋，若能善加利用，可以以弱抵强，转败为胜。本书的结构，按照无谷先生分类，可分为总说、正文、跋三部分。正文三十六计中，每一计，先出计名，次作解语，再加按语。其中解语主要是以点睛之笔概括本计的要义，按语则是对计名和解语的阐释和发挥，多引宋以前的战例加以印证。书中的计名、解语和按语似乎不是同时形成，任力先生曾讨论认为计名和解语是较早形成并比较固定的，按语则是晚出且有所增删的。

“三十六计”的三十六种计名，亦有不同版本。民国时期的报刊资料中，曾有读者经常询问和贡献所知三十六计具体所指为哪些计策。《三六九画报》1942年曾有4期内容，专门收录讨论三十六计的具体内容，就有三种不同说法，收录了当时流传不同地区的三十六计计名。1933年《海王》杂志第6卷第3期《三十六计的考据》，1939年朱桂芬《警友报》第17期发表《闲话：兹将俗称之三十六计录左》，1941年杨云史先生《国民杂志》创刊号发表的《三十六计考》，1947年《新生中国》第2卷第1期和《万有月刊》第9-10期等报刊资料中收录的“三十六计”，除个别顺序和字形写法外，内容基本相同，最为通行。分别是：瞒天过海、围魏救赵、借刀杀人、以逸待劳、趁火打劫、声东击西、无中生有、暗度陈仓、隔岸观火、笑里藏刀、李代桃僵、顺手牵羊、打草惊蛇、借尸还魂、调虎离山、欲擒故纵、抛砖引玉、擒贼擒王、釜底抽薪、浑水摸鱼、金蝉脱壳、关门捉贼、远交近攻、假途伐虢、偷梁换柱、指桑骂槐、假痴不癫、上屋抽梯、树上开花、反客为主、美人计、空城计、反间计、苦肉计、连环计、走为上计。这与1941年成都瑞琴楼印行的土纸本即叔和先生收藏的抄本相合，可视为通行说法。而有出入的计策主要有：围魏救赵作一箭双雕，无中生有作增兵减灶，打草惊蛇作十面埋伏，假痴不癫作诱敌深入等语。

《三十六计》是中国兵学史上专门论述兵家“诡道”这一军事谋略的兵书，它对前代的兵家谋略进行了总结和提炼，其不仅在军事上，在日常生活的各个领域，为民众所熟知，产生了重大影响，甚至被称为“大众兵法”。在社会知名度上，《三十六计》与《孙子兵法》可谓不相上下，还经常一同出现，互为表里。山东惠民的孙子故里景区中，三十六计即作为重要内容，罗列在园区的两侧廊道中。因此，《三十六计》理应在中国兵学史上和传统文化中占有一席之地。1994年由刘鲁民先生主编的《中国兵书集成》第40册收录了《三十六计》，将其作为明代兵书之一，可看作其性质和地位的一种官方认可。

本书以无谷先生1979年在吉林人民出版社正式刊行的《三十六计》一书为底本，并参考《中国兵书集成》收录的1962年解放军政治学院的油印本和武汉军区编译的《三十六计今译》本相互比对。注释和译文主要参考了影响较大的一些通行版本，如李炳颜先生的《三十六计新编》；毛元佑、徐楚乔二位先生编著的《〈三十六计〉解读》；李明阳先生的《三十六计：谋略经典》；《中国古典名著译注丛书——孙子兵法·三十六计》等。

目　　录

三十六计

鬼谷子

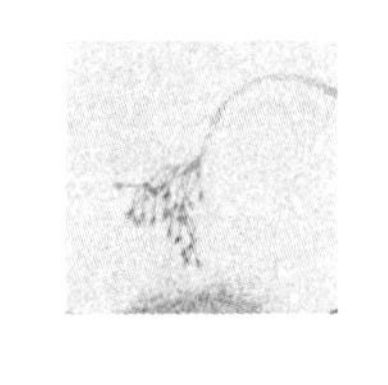

捭　阖[1]

粤若稽古[2]，圣人之在天地间也，为众生之先[3]。观阴阳之开阖以名命物[4]，知存亡之门户[5]，筹策万类之终始[6]，达人心之理[7]，见变化之朕焉[8]，而守司其门户[9]。故圣人之在天下也，自古及今，其道一也。

【注释】　①捭（bǎi）：开的意思，如打开心扉、积极行动、采纳良言等都可以称为捭。阖（hé）：闭的意思，如封闭心扉、采取守势等都可以成为阖。捭阖本义指开合，在书中被赋予了深刻丰富的含义，一开一合是事物发展变化的普遍规律，是掌握事物的枢纽。

②粤：助词。用于句首或句中，表示严肃审慎的语气。　若：顺。稽：考察。

③众生：自然界中的所有生命，泛指平民大众。

④阴阳：中国古代指创造世间万事万物的二气，后泛指事物矛盾对立的两个方面，属哲学范畴。　开阖：开和合。这里指阴阳相合而生成万物。　命：命名。

⑤门户：途径、根源，指关键之处。

⑥筹策：古代计算用具，这里引申为计谋、谋划。　万类：万事万物。

⑦达：通晓。

⑧朕：指事物变化发展的征兆、行迹。

⑨守司：掌握。守，遵守、奉行；司，掌管。

【译文】 纵观古代历史，圣人之所以生存于天地之间，是为了成为芸芸众生的先导。圣人能够通过观察阴阳开合的变化来给万物命名，洞悉万物兴盛衰亡的根源，谋划万物从开始到终结的全过程，并能通晓人的内心世界，发现事物发展变化中产生的微妙征兆，从而掌握趋利避害的规律。所以，天下的圣人生存在世界上，从古到今，所奉守的立身处世之道是始终如一的。

变化无穷，各有所归[①]。或阴或阳，或柔或刚，或开或闭，或弛或张[②]。是故圣人一守司其门户，审察其所先后，度权量能[③]，校其伎巧短长[④]。

【注释】 ①归：归属，归宿。

②弛：卸下或放松弓弦，这里引申为放松、松懈。 张：弓上弦，这里引申为紧张。

③度（duó）：衡量（长短）。 权：权谋，权诈。 量能：衡量才能。

④校（jiào）：比较。 伎巧：技艺，技能。

【译文】 万事万物的变化无穷无尽，有各自不同的归宿。有的表现为阴，有的则为阳；有的表现为柔，有的则为刚；有的表现为开，有的则为合；有的表现为松弛，有的则为紧张。因此，圣人自始至终掌握趋利避害的关键，审察万事万物变化发展的次序，才能够衡量对方的权谋与才能的优劣，比较其辨别万事万物技艺的短长。

夫贤不肖、智愚、勇怯有差[①]，乃可捭，乃可阖；乃可进，乃可退；乃可贱，乃可贵；无为以牧之[②]。审定有无与其实虚[③]，随其嗜欲以见其志意[④]。微排其所言而捭反之[⑤]，以求其实；贵得其指[⑥]，阖而捭之[⑦]，以求其利。

【注释】 ①贤：有德行有才能的人。 不肖：这里与“贤”相对，指不具德行才能的人。 差：差别、差等。

②无为：道家顺应自然变化与规律的哲学概念。 牧：统治、治理，这里可以理解为驾驭。

③审定：详细考究而决定。

④嗜：爱好，特别喜欢。 欲：欲望，欲念。 见：知道，理解。 志意：意志，志向。

⑤微：暗中察访，这里引申为暗暗地、秘密地。 排：排除。

⑥指：通“旨”，意旨、意图。

⑦阖而捭之：假装不说话诱导对方说话。

【译文】 人的禀赋天性是有差异的，有的人德才兼备，有的人则无才无德；有的人聪慧，有的人则愚笨；有的人勇敢，有的人则怯懦。根据每个人的情况，分别采用或捭或阖，或进用或贬退，或轻视或尊重的方法，顺应对方的特点来驾驭他。如果要周详地考察和判断对方才能的有无和虚实，须顺着他的嗜好和欲望来了解对方的真实意愿和志向，暗中排查对方言辞，然后依据已知情况反驳诘问，从而探求实情；掌握对方的意图，自己闭口不言以诱导对方畅所欲言，以便了解对方所说是否对自己有利。

或开而示之，或阖而闭之。开而示之者，同其情也①；阖而闭之者，异其诚也②。可与不可③，审明其计谋④，以原其同异⑤。离合有守⑥，先从其志。

【注释】 ①情：真情，实情。

②诚：心意真诚、不诡诈，这里引申为真实，实情。

③可：可以，能。

④审：仔细考察，详究。

⑤原：推究，考查。

⑥守：确立自己的意志加以信守。

【译文】 或者向对方敞开心扉，或者封闭心扉予以沉默。之所以向对方敞开实情，是因为己方的实际情况与对方一致；之所以向对方隐藏不露，是因为己方的实际情况与对方相异。至于方法的可行与否，须将对方的谋划仔细探究清楚，考查出双方的异同。彼此的计谋或相乖离，或相契合，都需要确立自己的意志加以信守，等待时机，先注意顺应对方的意愿加以考察。

即欲捭之贵周[①]，即欲阖之贵密[②]。周密之贵微[③]，而与道相追[④]。捭之者，料其情也[⑤]；阖之者，结其诚也。皆见其权衡轻重[⑥]，乃为之度数[⑦]。圣人因而为之虑；其不中权衡度数[⑧]，圣人因而自为之虑。

【注释】 ①即：连词。如果。 周：周到，细密。

②密：隐秘，秘密。

③微：精妙，微妙。

④追：追随、追求，这里引申为贴近。

⑤料：估量、揣测。 情：情况，实情。

⑥权衡：称量物体重量的器具。权，秤锤；衡，秤杆。

⑦度：计量长短的标准或工具。

⑧中（zhòng）：符合。

【译文】 如果要运用“捭”的方法，就一定要做到考虑周详；如果要运用“阖”的方法，就一定要做到隐秘。做到周详、隐秘的关键在于运用要精妙，像道一样隐而不显。向对方使用“捭”的方法，是为了揣摩辨别对方情况的真伪；随后向对方使用“阖”的方法，是为了坚定和约束对方的诚心。所有这些做法，都是为了权衡利弊得失、轻重缓急，从而做出测度和分析，圣人根据这些分析，进一步谋划行动的方略。如果这些分析建议有失轻重之理、不合度量之数，那么圣人也只有舍弃不用，自谋良策了。

故捭者，或捭而出之，或捭而内之[①]；阖者，或阖而取之，或阖而去之[②]。捭阖者，天地之道。捭阖者，以变动阴阳，四时开闭，以化万物[③]。纵横反出[④]，反覆反忤[⑤]，必由此矣。

【注释】 ①内：通“纳”，接纳。

②去：离开。

③化：生长、化育，指自然界生成万物的功能。

④反：返回，回到。

⑤忤：违逆，抵触。

【译文】 因此，运用“捭”的方法，或者通过开启使对方将真实情况暴露出来，或者通过开启也可以使对方接纳己方的观点。运用“阖”的方法，或者通过闭合使己方有所收获，或者通过闭合也可以使对方离去。捭与阖，是与天地之道相符合的方法。天地通过捭阖，产生阴阳变动、四季交替，从而化育世间万物。纵横、返出、翻覆、反忤，这些都是由捭阖而产生的。

捭阖者，道之大化[①]，说之变也[②]；必豫审其变化[③]，吉凶大命系焉。口者，心之门户也[④]；心者，神之主也[⑤]。志意、喜欲、思虑、智谋，此皆由门户出入。故关之捭阖[⑥]，制之以出入。

【注释】 ①道之大化：阴阳之道最本质的变化。

②说之变：游说的应变。

③豫：预备，事先准备。

④心：心脏。古人以心为思维器官。

⑤主：掌管，主持。

⑥关：门闩，这里指控制。

【译文】 捭阖是阴阳之道最本质的变化，也是游说时应变的法则。游说前必须对各种可能发生的变化预先审察并做好准备，吉凶死亡的关键全系于捭阖。口是心灵的门窗，心是精神的主宰。人的志意、喜欲、思虑、智谋，都经由口这个门户表达出来。因此，运用捭阖之术来控制这个关隘，以控制言辞的出入。

捭之者，开也，言也，阳也；阖之者，闭也，默也，阴也。阴阳其和①，终始其义②。故言长生、安乐、富贵、尊荣③、显名④、爱好、财利、得意、喜欲，为阳，曰始。故言死亡、忧患、贫贱、苦辱、弃损、亡利⑤、失意、有害、刑戮、诛罚，为阴，曰终。诸言法阳之类者⑥，皆曰始，言善以始其事；诸言法阴之类者，皆曰终，言恶以终其谋。

【注释】 ①和：原意乐音和谐，这里引申为调和。

②义：道理。

③尊荣：地位尊贵、荣耀。

④显名：名声尊贵显赫。

⑤亡：失去，丢失。

⑥诸言：众多言论。　法：效法，取法。

【译文】　所谓捭，就是开启，就是言说，属于阳；所谓阖，就是闭合，就是缄默，属于阴。阴阳的相互协调，自始至终都切合捭阖之理。所以说，长生、安乐、富贵、尊荣、显名、爱好、财利、得意、喜欲，都归属于“阳”，叫作“始”。所以说，死亡、忧患、贫贱、苦辱、弃损、亡利、失意、有害、刑戮、诛罚，都归属于“阴”，叫作“终”。凡是那些效法“阳”一类事物的言论，我们可以都称之为“始”，是指用“捭”的方法称赞其优点以促成行动的开始；那些遵循“阴”一类事物的言论，我们可以都称之为“终”，是指用“阖”的方法指出其缺点以促使其计谋的终结。

捭阖之道，以阴阳试之①，故与阳言者，依崇高；与阴言者，依卑小。以下求小②，以高求大。由此言之，无所不出，无所不入，无所不可。可以说人③，可以说家④，可以说国⑤，可以说天下⑥。为小无内，为大无外。益损、去就⑦、倍反⑧，皆以阴阳御其事⑨。

【注释】　①试：检验。

②求：寻求，选择。

③人：民，民众。

④家：古代卿大夫的统治区域。

⑤国：战国时公卿及汉以后王侯的封地。

⑥天下：这里指周天子。

⑦就：接近，前往。

⑧倍：通“背”，背离、离开，这里指离开之后就断绝联系。　反：返回、回到，后作“返”。这里指离开之后又返回。

⑨御：治理，统治。

【译文】　捭阖的运用法则，可以从阴阳两方面来检验。因此，与循阳道的人言谈，要依托崇高的原则引导对方；与循阴道的人言谈，要利用卑下的原则引导对方。这样以低下求取卑小，以崇高求取博大。如此说来，既能出能入，就没有什么事情是不可以做到的。可以游说一普通人，可以游说一卿大夫，可以游说一诸侯国君主，可以游说周天子。要做小事就没有内在的限制，要做大事就没有外在的界限。所有的损害与利益、离去与接近、背叛与归附等，都可以运用阴阳之道的原理来驾驭它。

阳动而行，阴止而藏；阳动而出，阴隐而入。阳还终阴[①]，阴极反阳[②]。以阳动者，德相生也；以阴静者，形相成也[③]。以阳求阴，苞以德也[④]；以阴结阳，施以力也；阴阳相求，由捭阖也。此天地阴阳之道，而说人之法也[⑤]。为万事之先，是谓圆方之门户[⑥]。

【注释】　①还：环绕。

②反：返回，后作“返”。

③形：物的形体。

④苞：通“包”，包容。

⑤说（shuì）：劝说，说服。

⑥圆方：指天地。古人认为天圆地方，故名。

【译文】 阳的特性是运动、前行，阴的特性是静止、隐匿。阳通过运动而显露出来，阴通过静止而潜藏起来。阳环绕而终于阴，阴积累至极点就转为阳。循阳道而运行的，德就会与之相生；循阴道而静止的，形体就会凝聚而成。所以，用阳来探求阴，要用道德来包容对方；用阴来探求阳，必须施尽全力去处理。阳与阴相互依存，所据的是捭阖之道。这是天地阴阳运行之道，也是游说他人的根本法则，是处理万事的先导，也即是所谓的天地间之门户。

反 应

古之大化者[1]，乃与无形俱生[2]。反以观往[3]，覆以验来[4]；反以知古，覆以知今；反以知彼，覆以知己。动静虚实之理[5]，不合于今，反古而求之。事有反而得覆者[6]，圣人之意也，不可不察。

【注释】 ①大化：混沌初开、化育万物的自然界生成与变化过程；大化者指能以大道化育万物的圣人。

②无形：没有痕迹，这里指道。

③反：返回，亦可指反思、反观。

④覆：回顾。

⑤动静：行动和静止。 虚实：或虚或实。

⑥覆：审察、核查。

【译文】 古代教化众生的圣人，是与无形的道一同存在的。圣人以“反”回顾历史，以“覆”展望未来；以“反”通晓过去，以“覆”理解当下；以“反”洞悉对方，以“覆”了解自己。如果动与静、虚与实的道理，与现今不相符合，就回溯古代去探求原因。任何事情都可以通过反复观察而得到复验，这是圣人的教导，我们不能不详细审察。

人言者，动也；己默者，静也。因其言[1]，听其辞[2]。言有不合者，反而求之，其应必出[3]。言有象[4]，事有比[5]。其有象比，以观其次[6]。象者象其事，比者比其辞也。以无形求有声[7]。其钓语合事[8]，得人实也。其犹张罝网而取兽也[9]，多张其会而司之[10]。道合其事，彼自出之，此钓人之网也，常持其网驱之[11]。

【注释】 ①因：根据，按照。

②辞：言辞，文辞。

③应：回答。

④象：形象，象征。

⑤比：类比。

⑥次：这里指对方下一步的言行。

⑦无形：无痕迹，无所表现。这里指隐藏于具有象、比手法的言辞背后的实情。

⑧钓，谋取、诱取。

⑨罝（jū）网：捕兔的网，这里引申为捕鸟兽的网。

⑩会：聚集，会合。 司：探察，侦察。后作“伺”。

⑪驱：驱使，役使。

【译文】 他人发表言论是动，自己缄口不言是静。根据对方的言辞，辨听其隐藏的真实想法。如果对方言辞透露出有不合常理的，就要提出诘难，对方必然会有所应对的言辞。言辞中有其可以模拟的形象，事物中有其可以类比的规范。既然言辞中有可以模拟的形象，事务中有可以类比的规范，所以要观察隐藏其背后的真实意图。所谓象，就是事物的外在表现，所谓比，就是同类言辞的类比。然后以无形的象征比喻来求得有声的言辞意图，以诱取的言辞合于对方，让其说出我们想要的实情。这就如同张开捕兽之网猎取野兽一样，在野兽经常出没的地方多设立几张网，来等待野兽的落入。只要方法得当、切合事理，对方自然就会流露实情，这便是诱取人言的网，常持此网可以驱使对方为我所用。

其不言无比①，乃为之变。以象动之②，以报其心，见其情，随而牧之③。己反往④，彼覆来，言有象比，因而定基⑤。重之袭之⑥，反之覆之⑦，万事不失其辞。圣人所诱愚智⑧，事皆不疑。

【注释】 ①不言：沉默不言。

②动：感动。

③牧：控制，控驭。

④反：返回，回到。后作“返”。

⑤定：确定，决定。 基：事物的基础，根本。

⑥重：重叠，重复。 袭：加在衣外之衣，后引申为重叠、重复。

⑦覆：重复。

⑧愚智：愚笨的人和有智慧的人，这里指所有的人。

【译文】 如果对方沉默不语，或在其言辞中无从得知所需信息，就要改变谈话的方式。用言语的形象去感动对方，去迎合他的心意，从而知晓对方的真实情意，然后顺势控制他。自己反推过去，对方回应回来，彼此反复几个回合之后，双方言辞中有形象有比拟，了解对方的真实情况后，就能确定应对的基本策略了。这样反复实践，任何事情都可以从对方言辞中得到实情。无论圣人以此诱导感化愚者或智者，都会确定无疑地成功。

故善反听者，乃变鬼神以得其情①。其变当也②，而牧之审也③。牧之不审，得情不明；得情不明，定基不审。变象比，必有反辞，以还听之④。欲闻其声反默⑤，欲张反敛⑥，欲高反下，欲取反与⑦。欲开情者⑧，象而比之，以牧其辞。同声相呼，实理同归。

【注释】 ①情：真情，实情。

②当：适当，恰当。

③审：仔细考察，详究。

④还：返回。

⑤反：副词。反倒，反而。

⑥敛：约束，节制。

⑦与：给予。

⑧开：打开，敞开。

【译文】 所以说，善于从反面听取他人言论的人，常能够用变幻莫测的方法来获得实情。方法变化得当，就能详尽地考察并控制对方；如果情况考察得不够清楚，获得的实情就不明确；获得的实情不明确，就无法确定控制对方的策略。如果无法明确对方的实情，要运用言辞的象征和比拟，对方必然会有回应的言辞，然后再返回通过言辞来了解其真实意图。想要听他人的言辞议论，自己就要缄口不言，想要让他人敞开，自己就要先收敛；想要升高，首先就要下降；想要获取，首先就要给予。想要让对方敞开心意显露实情，就要通过形象的模拟和比喻方法的综合运用，来驾驭对方的言辞。如同声音相同就可以彼此呼应一样，双方道理一致就会走到一起。

或因此，或因彼，或以事上[①]，或以牧下[②]。此听真伪[③]、知同异，得其情诈也[④]。动作言默，与此出入，喜怒由此以见其式[⑤]。皆以先定为之法则。以反求覆，观其所托[⑥]，故用此者。己欲平静以听其辞，察其事，论万物，别雄雌[⑦]。虽非其事，见微知类[⑧]。若探人而居其内[⑨]，量其能射其意[⑩]。符应不失[⑪]，如螣蛇之所指[⑫]，若羿之引矢[⑬]。

【注释】 ①事：服侍，侍奉。 上：尊长，上级。

②下：臣下，百姓。

③听：治理，处理。

④诈：伪装。

⑤式：标准。

⑥托：这里指言辞背后的实情。

⑦雌雄：比喻胜负、高下。

⑧类：种类，类别。

⑨探：探寻，寻究。

⑩射：猜度。

⑪符：古代朝廷封官、传命和调兵遣将的凭证。用铜、玉、竹、木等制作，上刻文字，分为两半，各执其一，合二为一方生效。

⑫螣蛇：传说中一种能腾云驾雾而飞的神蛇。

⑬羿：后羿。古代神话中善射的人。　引：拉弓。　矢：箭。

【译文】　反听的方法，或者用在此处，或者用在彼处，或者用来侍奉尊长，或者用来统御属下。反听能够辨明真假、知晓异同，能够看清其中的真诚与虚伪。动作言语，都与此有关；喜怒情绪，都可以见到端倪，而这些都以预先的判断为准则。通过反推取得对方的回应，可以观察到对方所依托的实情。所以要用这种方法，首先己方要平心静气以便听取对方言辞，明察事理、论说万物、辨别高下。即使对方所说与实情不相符合，但可以从同类事物中通过微小征兆来推知此事的实质。这就如同了解一个人就要深入其内心，衡量他的能力，猜度他的意图，这样就会像验合符契一样可靠，就像螣蛇指示祸福一样准确，就像后羿引弓射箭一样百发百中。

故知之始己[①]，自知而后知人也。其相知也，若比目之鱼[②]；其见形也[③]，若光之与影。其察言也不失，若磁石之取针，如舌之取燔骨[④]。其与人也微[⑤]，其见情也疾[⑥]。如阴与阳，如圆与方[⑦]。未见形，圆以道之[⑧]；既见形，方以事之。进退左右[⑨]，以是司之[⑩]。己不先定，牧人不正[⑪]。事用不巧[⑫]，是谓忘情失道。己审先定以牧人，策而无形容⑬，莫见其门，是谓天神。

【注释】 ①始：始于。

②比目之鱼：鲽，鳎、鲆等鱼的统称。这几种鱼身体扁平，成长中两眼逐渐移到头部的一侧，平卧在海底。也叫扁口鱼。旧说此鱼一目，须两两相并才能游行，后喻人与人的相知如比目鱼两两相随不可分。

③见：同“现”。

④燔：把肉放在火上烤，这里指烤熟的肉。

⑤微：小，少。

⑥疾：迅速。

⑦圆：说迎合对方的话。 方：按规矩办事。

⑧道：引导，后作“导”。

⑨进：上朝做官，出仕。 退：退职，引退。

⑩司：掌管，主管。

⑪牧：驾驭。

⑫巧：技艺高明，灵巧。

⑬形容：形状，形象。

【译文】 所以说，如果要知晓外界的人与事，首先要从知己开始，自知之后才能知晓他人。这样，对人的相互了解，就像比目鱼一样两两并列而行。做到自知再掌握对方的形迹，如同光照到形体后，通过影子就可以知道其形状。做到自知再考察对方的言辞，就如同用磁石寻取针一样容易、用舌头从烤肉上将骨头剔除一样容易。如此，与人相处，给予对方很少，却能够迅速发现别人的实情。这就像由阴转阳，又由阳转阴；由圆变方，又由方变圆一样，可以变化自如、得心应手。在事情还未明朗时，用变通的言辞迎合对方，引导其说出实情；如果实情既已知晓，就按照既定的举措去施行。无论进退，还是左右，都由此来掌控。己方如果不能先定下主意，就不能驱使他人；处理事情不灵活没有技巧，就是“忘情失道”（忘记得情的规律，失去得情之道）；己方应当首先明确方略再去驾驭他人，谋划策略要不露形迹，让人摸不清关键所在，这才是谋略的最高境界。

内　揵[1]

君臣上下之事，有远而亲[2]、近而疏[3]，就之不用[4]、去之反求[5]。日进前而不御[6]，遥闻声而相思。事皆有内揵，素结本始[7]。或结以道德[8]，或结以党友[9]，或结以财货，或结以采色[10]。用其意，欲入则入，欲出则出；欲亲则亲，欲疏则疏；欲就则就，欲去则去；欲求则求，欲思则思。若蚨母之从子也[11]，出无间[12]、入无朕[13]，独往独来，莫之能止。

【注释】　①内揵（jiàn）：内，本义指内心世界，揵，本义为门闩。字面意思是从内心深处锁住。这里内指向君王进谏说辞，从而结交君王取得信任；揵，指向君王进献计策，以辅佐君王，成就事业。本篇意为通过适当的游说探知君主内心，并从内心与之结交。

②亲：亲密，亲近可靠。

③疏：疏远，生疏。

④就：接近，靠近。　用：任用，举用。

⑤去：离开。　反：同“返”，返回、回到。　求：寻找，寻求。

⑥日：每天。　御：通“迓”（yà），迎上前，迎接。

⑦素：一向。本，根源，根本。始，开始，开端。

⑧结：结交。

⑨党：同道的人。

⑩采色：指美女。

⑪蚨（fū）：青蚨，昆虫名。《搜神记》卷一三："［南方有虫］名青蚨，形似蝉而稍大……生子必依草叶，大如蚕子。取其子，母即飞来，不以远近。虽潜取其子，母必知处。以母血涂钱八十一文，以子血涂钱八十一文。每市物，或先用母钱，或先用子钱，皆复飞归，轮转无已。"

⑫间：缝隙。

⑬朕：征兆，行迹。

【译文】 君臣上下之间的关系复杂微妙，有的臣子虽与君主相距很远或在血亲关系上较远，但关系亲密；有的臣子虽与君主近在咫尺或在血亲关系上较近，但关系疏远。有的臣子主动接近君主却不被任用，有的臣子离开君主反而被四处寻找。有的臣子每日觐见君主却不被信任；有的臣子只是名声被君主遥闻，即思慕他的到来。这是因为君臣之间在内心世界上是否契合的缘故。有的君臣以道德结交，有的君臣以志同道合结交，有的君臣以财货结交，有的君臣以声色结交。臣子要是能够合理利用君主的志意，就能够做到想进就能进，想退就能退；想亲近就能亲近，想疏远就能疏远；想入仕就能入仕，想隐退就能隐退；想有所求就能有所求，想令君主思念就能令君主思念。这就好比青蚨的母虫与幼虫相伴相随，出入不留行迹，独来独往且谁也无法阻挡。

内者，进说辞也；揵者，揵所谋也。欲说者[①]，务隐度[②]；计事者[③]，务循顺[④]。阴虑可否[⑤]，明言得失，以御其志[6]。方来应时[7]，以合其谋[8]。详思来揵，往应时当也。夫内有不合者，不可施行也。乃揣切时宜[9]，从便所为[10]，以求其变。以变求内者，若管取揵[11]。

【注释】　①说（shuì）：劝说，说服。

②隐：暗中，私下。　度（duó）：揣测，估量。

③计：考虑，谋划。

④循：依照，遵守。

⑤阴：暗中。

⑥御：通“迓”（yà），迎接。　志：心意，志向。

⑦方：方法，办法。　应（yìng）：适合，符合。

⑧谋：谋求，营求。

⑨揣：揣测，揣摩。　切：切合。宜：合适。

⑩便：有利，适宜。

⑪管：钥匙。　揵：门闩，闭塞之意。

【译文】　所谓“内”，就是进献说辞；所谓“揵”，就是固守谋略。想要游说的，一定要暗中揣度君主的真实意图；谋划事情的时候，一定要遵循君主的意愿。先暗中考虑策略是否可行，再向君主阐明策略的利弊，以迎合君主的心意。策略要切准时机，以合于君主的谋划。通过周详思虑而得的计谋来回应君主，则没有不当。如果进献的说辞不切合于君主，则不可施行。于是就要反复揣摩时机是否合宜，从有利的角度去改变策略。以变通的原则去探求君主的心意，就像用钥匙去开锁一样容易。

言往者，先顺辞也；说来者，以变言也。善变者，审知地势[①]，乃通于天，以化四时；使鬼神[②]，合于阴阳，而牧人民[③]。见其谋事，知其志意。事有不合者，有所未知也。合而不结者，阳亲而阴疏。事有不合者，圣人不为谋也。故远而亲者，有阴德也[④]；近而疏者，志不合也。就而不用者，策不得也[⑤]；去而反求者，事中来也[⑥]。日进前而不御者，施不合也[⑦]。遥闻声而相思者，合于谋以待决事也。故曰，不见其类而为之者见逆[⑧]，不得其情而说之者见非[⑨]。得其情，乃制其术[⑩]，此用可出可入，可揵可开。

【注释】 ①审：仔细考察，详究。

②使：支配，派遣。

③牧：整治，治理。

④阴：暗中。德：通“得”。

⑤得：得当，合适。

⑥中（zhòng）：符合。

⑦施：措施。

⑧类：同类。 见：加在动词前表被动。 逆：拒绝。

⑨情：志向，意志，主观愿望。 非：反对，责怪。

⑩术：途径、方法、策略。

【译文】 与君王谈论过往的事情时，要用顺应君王的言辞；说到将来的事情时，要用变通的言语。随机应变者，要做到善于变通，须要详究地理形势，以及天文四时的变化，如此就可以役使鬼神，契合于阴阳变化的规律，从而得心应手地驾驭治理天下的民众。见到君主所谋划的事情，便能知道君主的志向与意愿。所行之事如果与君主的意愿不相符合，那是因为对君主的意愿所知还不够全面。貌似相合而未缔结，是因为表面上亲近而背地里疏远。不合于君主意愿的事情，圣人是不愿意去谋划的。因此，有的臣子虽与君主相距很远或在血亲关系上较远，但关系亲密，是因为其与君主的心志能暗中相合；有的臣子虽与君主近在咫尺或在血亲关系上较近，但关系疏远，是因为其与君主的心志不合；有的臣子主动接近君主却不被任用，是因为策略不适用；有的臣子离开君主反而被四处寻找，是因为其计策符合将来、切实可行；有的臣子每日觐见君主却不被信任，是因为他的措施不恰当，有的臣子只是名声被君主遥闻，即被思慕他的到来，是因为其所谋划的计策合于君主的谋划，君主正等他来决策事功。

因此，如果与君主情况不相类同而要去施行，必然会被拒绝；如果不了解君主的真实意愿而去游说，必然会招致责难。所以，只有了解真实的情况，方能制定相应的措施，把握住内揵之术。如此使用，既可以出也可以入，自由驾驭了。

故圣人立事①，以此先知而揵万物。由夫道德②、仁义、礼乐、忠信、计谋，先取《诗》《书》③，混说损益④，议论去就。欲合者用内⑤，欲去者用外⑥。外内者必明道数⑦。揣策来事⑧，见疑决之。

【注释】 ①立事：建立事业。

②由：符合，遵循。

③《诗》：是中国最早一部诗歌总集，收集了西周初年至春秋中叶共311首诗歌。该书在内容上分为《风》《雅》《颂》。先秦时称《诗》或《诗三百》，先秦诸子在说理论证时，多引述《诗》中的句子以增强说服力。汉武帝时被尊为儒家五经之一，称《诗经》。

《书》：是一部多体裁文献汇编。该书分为《虞书》《夏书》《商书》《周书》，内容主要是君王任命官员或赏赐诸侯时发布的政令。先秦时总称《书》，汉改称《尚书》，武帝时被尊为儒家五经之一，称《书经》。

④混：杂糅，混同。

⑤内：内结于君。

⑥外：不合于君。

⑦外内者：指善于运用内外之术与君王周旋的人。　道数：规律，道理。

⑧揣：忖度，揣测。　策：计谋，谋略。

【译文】　因此，圣人建功立业，就是依据这种方法预先了解事情的真实情况，进而掌控万物。从道德、仁义、礼乐、忠信、计谋等方面出发，于《诗》《书》中旁征博引，并在此基础上杂糅自己的观点，通过减损或增益来议论时事，再决定离开还是留下。如果想要和君主的意愿相合就要内结于君主；想要离开君主就不要迎合君主的意愿。无论运用内情还是用外情，都要先明确理论和方法，善于与君主周旋的人必定熟知与君主相处的道理，以此来揣测应对将来事情发展的趋势，遇到疑难之事能够做出决断。

策无失计[①]，立功建德，治名入产业[②]，曰揵而内合。上暗不治[③]，下乱不寤[④]，揵而反之。内自得而外不留[⑤]，说而飞之[⑥]。若命自来，己迎而御之[⑦]。若欲去之，因危与之[⑧]。环转因化，莫知所为，退为大仪[⑨]。

【注释】　①失计：谋划错误。

②名：名号，名分。

③上：指君主。　暗：昏昧，糊涂，不明事理。

④下：指臣下。　寤：觉悟，明晓。

⑤得：得意，满足。　留：采纳。

⑥飞：没有根据的。

⑦迎：迎合。　御：侍奉。

⑧因：连词。于是，就。　危：通“诡”（guǐ），欺诈。

⑨仪：法度，准则。

【译文】　运用策略时没有失算，从而建立功业，积累德行，既确立君臣名分，又能为君王治理好民众，这叫作谋略与内情相合。君主昏庸不理朝政，臣子纷乱不明事理，则可以考虑离开君主而不再为其谋略。如果君主自鸣得意而不采纳他人正确意见，那就先用恭维称颂的话博取他的欢心与信任，再使他有所改变。假如君命征召，积极接受并侍奉君主。如果想离开君主，就说自己继续留在君主身边会危害到他，趁乱离开。去留与否，要如同圆环旋转不留痕迹，不让别人知道自己的所作所为，全身而退是最基本的法则。

抵巇[①]

物有自然[②]，事有合离。有近而不可见[③]，有远而可知。近而不可见者，不察其辞也；远而可知者，反往以验来也[④]。巇者，罅也[⑤]。罅者，涧也[⑥]。涧者，成大隙也。巇始有朕[⑦]，可抵而塞[⑧]，可抵而却[⑨]，可抵而息[⑩]，可抵而匿[⑪]，可抵而得[⑫]，此谓抵巇之理也。

【注释】　①抵巇（xī）：抵，抵塞。巇，缝隙。抵巇，指弥补不足、堵塞漏洞。

②自然：自由发展，不经人力干预。

③见：知道，理解。

④反：返回，回到。　来：将来，来日。

⑤罅（xià）：裂缝，缝隙。这里指小的缝隙。

⑥涧：夹在两山间的水沟。这里指中等缝隙。

⑦朕：通“朕”，征兆，迹象。

⑧抵：挡。　塞：堵塞。

⑨却：退却。

⑩息：使安定，平息。

⑪匿：躲藏，暗藏。

⑫得：得到，取代。

【译文】 万物都有其自然变化的规律，人和事的聚合离散也同样如此。有的事情发生在眼前却不能理解其中道理，有的事情相隔很远却认识得很清晰。近在眼前却看不清楚，是因为没有考察对方的言辞；远在天边却能熟知，是因为能够反观以往的同类事情以验证将要发生的事。“巇”是小的裂缝，但是可以发展成为中等裂缝，甚至大的裂缝。裂痕在最初出现时是有征兆可循的，可以用“抵”的措施去堵塞缝隙，让裂痕弥合；可以用“抵”的措施去堵塞缝隙，让裂痕停止；可以用“抵”的措施去堵塞缝隙，让裂痕变小；可以用“抵”的措施去弥补缝隙，让裂痕消失；如果裂痕太大无法解决，可以用“抵”的措施去取代它。这即是抵巇的道理。

事之危也[①]，圣人知之，独保其身。因化说事[②]，通达计谋[③]，以识细微[④]，经起秋毫之末[⑤]，挥之于太山之本[⑥]。其施外，兆萌芽蘖之谋[⑦]，皆由抵巇。抵巇之隙，为道术用。

【注释】 ①危：危险的征兆。

②因：顺着，根据。 说：解释，说明。

③通达：洞明事理。

④细微：指危机的征兆。

⑤经：始。 秋毫：鸟兽在秋天新长出的细毛，常用来比喻极纤小的事物。

⑥挥：动。太山，即泰山，在山东泰安，五岳中的东岳，为五岳

之长。

⑦兆：古代占卜时，烧灼龟甲后出现的裂纹。卜者视裂纹来预测凶吉。后指征兆或苗头显露出来。　萌：发生，开始。　糵（niè）：原指树木砍伐后复生的枝条，后泛指始生的草木及草木嫩芽。

【译文】　事物出现危机的征兆时，只有圣人才能察觉，并能妥善处理以自保。圣人根据事物的发展变化来分析事理，洞晓各种计谋，以辨别事物细微的变化而采取措施。万物在开始变化时，都像秋毫之末一样极其微小，但是一旦发展起来就会大到能够动摇泰山的根本。圣人施政天下时，在事物的罅隙还处于萌芽状态时，即运用抵巇之法进行弥补。善于运用抵巇来处理缝隙，是一种道术，是圣人处理事情的方法。

天下纷错[1]，士无明主[2]，公侯无道德，则小人谗贼[3]，贤人不用。圣人窜匿[4]，贪利诈伪者作[5]。君臣相惑[6]，土崩瓦解而相伐射[7]。父子离散，乖乱反目[8]，是谓萌芽巇罅。圣人见萌芽巇罅，则抵之以法。世可以治则抵而塞之，不可治则抵而得之。或抵如此，或抵如彼。或抵反之[9]，或抵覆之[10]。五帝之政[11]，抵而塞之。三王之事[12]，抵而得之。诸侯相抵，不可胜数。当此之时，能抵为右[13]。

【注释】　①纷：乱，扰乱。错，不合，乖舛。

②士：先秦时期贵族的最低等级，位次于大夫。

③谗：说别人的坏话。 贼：祸害。

④窜：放逐。 匿：避，躲藏。

⑤作：兴起。

⑥惑：迷乱。

⑦射：指责，攻击。

⑧乖乱：变乱，动乱。 反目：指不和。

⑨反：通“返”。返回，回到。

⑩覆：颠覆，灭亡。

⑪五帝：上古传说中的五位帝王。说法不一。一说指伏羲、神农、黄帝、尧、舜。另一说指黄帝、颛顼、帝喾、尧、舜。还有一说指少昊、颛顼、高辛、尧、舜。

⑫三王：指夏、商、周三代之君。说法不一。一说指夏禹、商汤、周文王。另一说指夏禹、商汤、周武王。

⑬右：崇尚。

【译文】 天下动乱不止，上无贤明的君主可侍奉；诸侯们没有道德，小人谗言妄为以害人，贤良的人不被重用。圣人被放逐或藏匿，贪图唯利、奸诈虚伪的人纷纷兴风作浪。君主和大臣互相蒙蔽欺骗，庙堂土崩瓦解、党同伐异。父子离散、变乱不睦，这些都被称为社会的裂痕萌发的表现。圣人看到社会的裂痕时，就会用“抵巇”的方法去治理。当世道还可以治理时，就采取“抵塞”的方法去弥补，使其“巇”（裂缝）得到弥合；如果世道已坏到不可治理时，就用“抵塞”的方法彻底打破，并重新塑造新的来取代它。或者这样“抵”，或者那样“抵”；或者通过“抵”使其恢复原状，或者通过“抵”将其重新塑造。上古五帝时政治清明，靠的是顺势救治；而三王利用征伐之事，弃旧从新而建立新的社会秩序。如今诸侯之间互相征伐，都想弃旧从新，不可胜数。在这个时代，善于运用抵巇的方法，才是上策。

自天地之合离终始，必有巇隙，不可不察也。察之以捭阖，能用此道[①]，圣人也。圣人者，天地之使也[②]。世无可抵，则深隐而待时；时有可抵，则为之谋。此道可以上合[③]，可以检下[④]。能因能循[⑤]，为天地守神[⑥]。

【注释】 ①道：这里指抵巇之道。

②使：使者。

③合：配合。

④检：考察。

⑤因：顺着，根据。　循：顺着，依照，遵守。

⑥神：精神，意识。

【译文】 自天地间有了离合、始终以来，万物就必然存在着缝隙，这是不可不明察的。要用捭阖的方法来观察研究它，熟悉掌握此法的只有圣人。圣人是天地间的使者，当世间没有缝隙需要“抵塞”的时候，圣人就深深地隐居起来，以等待时机；当世间出现缝隙需要“抵塞”的时候，圣人就谋划策略去弥合它。运用抵巇之法，对上可以配合君主辅助治国，对下也可以约束、治理民众。圣人能够顺应自然规律来运用，是因为掌握着天地间变化的规律，成为天地的守护神。

飞　箝[1]

凡度权量能[2]，所以征远来近[3]。立势而制事[4]，必先察同异，别是非之语，见内外之辞[5]，知有无之数[6]，决安危之计，定亲疏之事。然后乃权量之[7]，其有隐括[8]，乃可征，乃可求，乃可用。

【注释】　①飞箝（qián）：飞，指飞扬、褒奖；箝，指箝制、控制。本篇是讲用赞美、褒扬的方法，赢得对方的欢心，取得信任，从而诱导对方，掌握实情，达到箝制对方、控制对方的目的。

②度：原指计量长短的标准或工具。这里指揣测，估量。　权：权变，变通。引申为权谋、权诈。

③征：召，征召。　来：使动用法。使……来。

④势：形势，趋势。　制：规定，制定。

⑤内外之辞：内是实情，外是表象。这里指正反两方面的言辞。

⑥有无：指才能的有无。　数：权术，方略。

⑦权：衡量，权衡。　量：估量，衡量。

⑧隐括：原指矫正竹木弯曲的工具，也作“檃括”。后指修改润色，考虑斟酌。这里指对同异、是非、内外、有无加以调整。

【译文】　凡是揣度人的权谋、衡量人的才能，就是为了征召远近的人才，让他们前来效力。确立事情的形势并且谋划事情，其前提是一定要先考虑其中的异同，辨别言语中的是非，辨析言辞的表层意思和真实意图，获知他们权谋方略的有无，在此基础上才能决断事关安危的大计方针，确定与其亲疏远近的关系。然后再于实践中加以权衡，如果他们可以矫正时弊，对同异、是非、内外、有无调整修改的方法，于是就予以征召，予以延征，予以任用。

引钩箝之辞[①]，飞而箝之。钩箝之语，其说辞也，乍同乍异[②]。其不可善者，或先征之而后重累[③]，或先重以累而后毁之[④]；或以重累为毁，或以毁为重累。其用或称财货[⑤]、琦玮[⑥]、珠玉、璧帛[⑦]、采色以事之[⑧]，或量能立势以钩之，或伺候见涧而箝之[⑨]，其事用抵巇。

【注释】 ①钩：探究，探索。 箝：控制，胁迫。

②乍：忽，忽然。

③征：征召。 重：重叠，重复。 累：积聚，堆积。

④毁：诋毁。

⑤称：举。 财货：金钱财物的总称。

⑥琦玮：美玉。

⑦帛：丝织品的总称。

⑧采色：彩色。这里指美色。

⑨伺（sì）：等待，守候。 候：守望，观察。 涧：夹在两山间的

水沟。文中指缝隙、漏洞。

【译文】 用言辞称赞引导对方、制造声誉诱导对方，探知他的真实情况后再控制住他。钩箝是一种善于变化的游说辞令，此时表达赞同对方，彼时又表达相异观点。对于那些难以用言辞引诱并控制的人，或者先将他征召来，不断抬高他的地位名声直至名不副实；或者先反复试探而后加以诋毁，或者用诋毁的方法反复试探，或者用反复试探的方法不断诋毁。准备重用某人时，或者先使用对方可能喜欢的财货、琦玮、珠玉、璧帛、采色来迎合试探；或者通过衡量其才能，设立职位来吸引，然后确定控制对方的形势以诱取钳制他。或者通过暗中考察利用对方破绽来控制他，这时用的就是抵巇的方法。

将欲用之于天下，必度权量能，见天时之盛衰①，制地形之广狭②，岨险之难易③，人民货财之多少④，诸侯之交孰亲孰疏⑤、孰爱孰憎，心意之虑怀⑥。审其意⑦，知其所好恶，乃就说其所重⑧，以飞箝之辞，钩其所好，以箝求之。

【注释】 ①天时：宜于做某事的气候条件；天命。

②制：控制，掌管。

③岨：同“阻”，险阻。险：地势不平坦；险阻，险要。

④货：财物，物资。

⑤诸侯：古代帝王分封的各国国君，规定要服从王命，定期朝贡述

职。交：结交，交往。

⑥虑：思考，谋划。　怀：容受，包容。

⑦审：清楚，明白。　意：意图，志向。

⑧重：重视、看重。

【译文】　将“飞箝”之术运用于天下诸侯之中，在游说君主的时候，必定要衡量对方的权谋和才能，能够观察到其是否合于天命的兴衰，掌握地势是广袤还是狭小，山川是险阻还是平坦，以及国家财富的多与寡。在与诸侯国的外交关系上，能够观察到君主与哪个国亲近，又与哪个国疏远；与哪个国友好，与哪个国敌对；君主心中的思虑谋划的究竟又是什么。要清楚君主的愿望和想法，了解他的喜好与厌恶，然后针对君主所关切的问题进行游说，用“飞”（褒扬）的言辞诱出君主的喜好所在，再用“箝”的方法将其控制住，遂能够顺从己方的志意而行事。

用之于人，则量智能、权材力[①]、料气势[②]，为之枢机[③]。以迎之随之[④]，以箝和之，以意宣之[⑤]，此飞箝之缀也[⑥]。

【注释】　①权：衡量。　材：才能。　力：能力。

②料：估量，揣测。　气：气势，气概。

③枢机：枢与机，主制动的机械部件。因以“枢机”比喻事物的关键部分。枢指门上的转轴，引申为关键或中心部分。机，弩机，弓弩上发箭的一种装置。引申为事物的关键、枢要。

④迎：迎合。　随：听任，任从。

⑤宣：宣布，显示。

⑥缀：拘束、牵制。

【译文】 如果将“飞箝”的方法用于个人，则要先考量对方的智慧，权衡他的才能，估量他的气概和声势，这些都是充分掌握对方信息的关键。然后迎合他、顺从他，再以箝制之术使对方与自己协调，让对方的意向与己方的目的相合，这就是“飞箝”之术中牵制的妙用。

用之于人，则空往而实来①，缀而不失，以究其辞。可箝而从②，可箝而横；可引而东，可引而西；可引而南，可引而北，可引而反，可引而覆③。虽覆能复④，不失其度⑤。

【注释】 ①空：这里指言辞。 实：这里指实际利益。

②从：通“纵”。

③覆：翻转。

④复：恢复。

⑤度：节度。

【译文】 如果将“飞箝”的方法运用于人际交往，用言辞即能够得到实际的利益回报。牵制住对方而不失去控制，通过对方言辞来探究实情。如此方能钳制对方，既可以使其向纵，也可以使其向横；既可以引其向东，也可以引其向西；既可以引其向南，也可以引其向北；既可以引其返回，也可以引其翻转。即使覆败也可以恢复，关键在于始终在自己掌控之中又不失节度。

忤　合[1]

凡趋合倍反[2]，计有适合。化转环属[3]，各有形势[4]。反覆相求，因事为制[5]。是以圣人居天地之间，立身[6]、御世[7]、施教[8]、扬声[9]、明名也[10]；必因事物之会[11]，观天时之宜[12]，因知所多所少[13]，以此先知之[14]，与之转化。

【注释】 ①忤合：忤是相背，合是相向。忤合即趋向与背反之术，本篇指出互相对立是事物的客观存在，讨论了如何利用对立和顺合的规律来考察、选择适合自己的君主，从而建功立业。

②趋：遵循，趋向。　倍：通“背”；违背，违反。

③化转：变化转换。环：原指一种圆形而中间有孔的玉器。后泛指环形的东西。　属（zhǔ）：连接。

④形势：情况，情势。

⑤因：根据；凭借。　制：规定，制定。

⑥立身：指人在社会上待人接物的处世能力。

⑦御世：治理天下。　御：治理，统治。

⑧施：实行，实施。

⑨扬声：炫耀声誉。

⑩明：显明，明确。

⑪因：顺着。　会：时机，机会。

⑫天时：天道的变化规律。

⑬因：根据，按照。

⑭此：这里指忤合之道。

【译文】　世间万物，既有趋向合一的趋势，也有背逆相反的趋势，图谋划策须符合这一客观规律。趋合与背反之间的相互转化，就像圆环一样首尾相连而无中断，形成了各种发展态势。能够像圆环一样应对形势变化并反复寻求内在原因，根据实际情况制定出相应的措施。因而，圣人立于天地之间，立身处世、治理天下、实施教化、弘扬声名，必定根据事物变化的关键，来考察社会变化发展的时机是否适宜；根据所掌握情况的多少，用忤合的道理去预测事物的发展趋势，让自己的谋划随着事态的变化而调整。

世无常贵[①]，事无常师[②]。圣人无常与[③]，无不与；无所听，无不听。成于事而合于计谋，与之为主[④]。合于彼而离于此，计谋不两忠[⑤]，必有反忤。反于此，忤于彼；忤于此，反于彼。其术也[⑥]。用之于天下，必量天下而与之[⑦]；用之于国，必量国而与之；用之于家[⑧]，必量家而与之；用之于身，必量身材能气势而与之[⑨]。大小进退[⑩]，其用一也。必先谋虑计定，而后行之以飞箝之术。

【注释】　①常：永恒的，固定不变的。　贵：显贵。

②师：榜样；效法。

③与（yù）：参加，参与。

④主：掌管，主持。

⑤忠：忠诚，尽心竭力。

⑥术：这里指反忤之术。

⑦量：估量，衡量。

⑧家：古代卿大夫的统治区域。

⑨材能：才能。　气势：气派与声势。

⑩大小：这里指从天下到自身。

【译文】　世界上没有永远处于高贵地位的人或物，万事万物也没有永远不变的师法榜样。圣人做事，也是没有恒久的参与或不参与，也没有恒久的听从或不听从。圣人所能掌控的是，计谋能促进事情成功，谋划也能够适用，就选择他做自己的君主。谋划与这一方的利益相合，就会与那一方的利益相悖，不可能同时合于双方，必定会相合或背离某一方；合乎于这一方的利益，就会背离那一方的利益；背离了这一方的利益，才可能合乎那一方的利益。这就是忤合之术的方法。将“忤合”的方法应用于天下，必定要衡量天下的形势后再施行；将“忤合”的方法应用于诸侯国，必定要衡量这个国家的形势后再施行；将“忤合”的方法应用于卿大夫的属地，必然要衡量卿大夫属地的形势后再施行；将“忤合”的方法应用于个人，必然要衡量个人的才能与气势后再施行。无论将“忤合”的方法用在大至天下，还是小至个人；也无论策略是进取还是退守，运用的原则是一致的：即要先用忤合的方法来深谋远虑，再用飞箝的方法来实施它。

古之善背向者[①]，乃协四海[②]，包诸侯[③]，忤合之地而化转之，然后求合。故伊尹五就汤[④]、五就桀[⑤]，而不能有所明，然后合于汤；吕尚三就文王[⑥]，三入殷[⑦]，而不能有所明，然后合于文王。此知天命之箝[⑧]，故归之不疑也。

【注释】 ①善：擅长，善于。 向：归向，仰慕。

②协：相符。 四海：四方，指天下。

③包：包取，据有。

④伊尹：因其母居伊水之上，故以伊姓，名挚，尹是官名。伊尹为汤妻陪嫁的奴隶，后辅弼汤消灭夏桀，是商初期著名政治家、思想家。

就：靠近。 汤：即成汤，子姓，名履，又称天乙，商朝的建国君主，任用仲虺和伊尹为左右相。

⑤桀：姒姓，名癸，谥号桀。夏朝最后一位君主，是历史上有名的暴君，后被汤消灭。

⑥吕尚：即姜子牙，姜姓，吕氏，名尚，字子牙。因其先祖辅佐大禹平水土有功被封于吕，故以吕为氏，也称吕尚。相传吕尚钓于渭滨磻溪，与出猎的周文王相遇，被封为“太师”，称“太公望”。武王即位，吕尚被尊为“师尚父”。吕尚辅佐武王伐纣灭殷，建立了周朝，被封于齐。

文王：姬姓，名昌，岐周人，周朝奠基者。其父死后，继承西伯侯之位，故称西伯昌。西伯昌四十二年，姬昌称王，史称周文王。文王

“克明德慎罚”，创周礼，被后世儒家所推崇，孔子称文王为“三代之英”。

⑦入：进入。 殷：即殷商，是中国第一个有同时期文字记载的王朝。成汤于鸣条之战灭夏后建国，国号为商。商朝国都频繁迁移，至盘庚迁殷才安定下来。商朝在殷建都长达 273 年，因此被后世称为“殷”或“殷商”。

⑧箝：控制。

【译文】 古代善于运用忤合方法的人，可以合同四海、掌控诸侯，运用忤合的方法促使对方向己方的需要而转化，然后己方再与他们相合。所以伊尹曾五次投奔成汤，五次投奔夏桀，也没有得到赏识，最终还是投奔了汤。吕尚曾三次投奔周文王，三次投奔殷纣王，也没有得到赏识，最终还是投奔了周文王。这是因为他们反复应用忤合的方法而确定了天命控制所向的规律，最终坚定不移地归附明主。

非至圣达奥①，不能御世；非劳心苦思②，不能原事③；不悉心见情④，不能成名⑤；材质不惠⑥，不能用兵⑦；忠实无真⑧，不能知人。故忤合之道，己必自度材能知睿⑨，量长短远近孰不如。乃可以进，乃可以退，乃可以纵，乃可以横。

【注释】 ①至圣：指极圣明贤德之人。 奥：深奥的道理。

②劳心：费心思。

③原：推究，考察。

④悉：详尽地知道、了解。　情：真情，实情。

⑤名：命名，取名。

⑥材：才能。　质：质地，底子。　惠：通“慧”，聪明。

⑦用兵：使用军队作战。　兵：指军事，战争。

⑧实：实际，事实。　真：真知灼见。

⑨知：明知，聪明。后作“智”。　睿：通达、思虑广远。

【译文】　如果不能像极圣明贤德之人那样达到洞悉深奥道理的境界，就不能够统御天下；不能费尽心思苦苦思索，就不可能探究出事物的本源；不能全神贯注地考察事物的真实情况，就不可能为事物命名；人的天分才能不够聪明，就不能去统兵作战、运筹帷幄；只是忠于真实情况而缺少真知灼见，就不能知人善任。因此，要运用忤合的法则，就一定要先衡量自己的智慧与才能，比较自己与他人之间的优劣短长。唯有如此，才能够做到可以进，也可以退；可以合纵，也可以连横。

揣

古之善用天下者[①]，必量天下之权而揣诸侯之情[②]。量权不审[③]，不知强弱轻重之称[④]；揣情不审，不知隐匿变化之动静[⑤]。

【注释】 ①用：统治，治理。

②权：权力，权势。 揣：忖度，揣测。

③量：估量，衡量。 审：仔细考察，详究。

④称：衡量。

⑤动静：情况，消息。

【译文】 古时善于治理天下的人，必定要衡量天下权势的发展动向，揣测各诸侯国的内部真实情况。如果不能详究天下权势的动向，就不能了解各诸侯国之间孰强孰弱、孰轻孰重；如果揣测各诸侯国的内部真实情况不细致精密，就不能了解隐藏的实情和变化的趋势。

何谓量权，曰：度于大小[①]，谋于众寡[②]，称货财有无之数[③]，料人民多少[④]，饶乏有余不足几何[⑤]；辨地形之险易[⑥]，孰利孰害；谋虑孰长孰短[⑦]；揆君臣之亲疏[8]，孰贤孰不肖[9]；与宾客之知慧[10]，孰多孰少；观天时之祸福，孰吉孰凶；诸侯之交，孰用孰不用；百姓之心，去就变化[11]，孰安孰危，孰好孰憎。反侧孰辩[12]，能知此者，是谓量权。

【注释】　①度：揣测，估量。　大小：这里指疆域的大小。

②谋：检验，审查。　众寡：这里指谋臣的多少。

③称：衡量。　货：财物，物资。

④料：估量，揣测。

⑤饶：物产丰富，丰足。　乏：缺少，贫乏。　几何：多少。

⑥易：平坦。

⑦长：长处。　短：不足，缺点，短处。

⑧揆：测度，度量。

⑨不肖：指没有才干，行为不正派。

⑩与：通“预”，预测，预料。　宾客：这里指春秋战国时贵族的门客，策士。　知：明智，聪明，后作“智”。

⑪去就：这里指人心向背。去，离开；就，接近、靠近。

⑫反侧：反复无常。　辩：通“辨”。分别，分辨。

【译文】　什么叫作量权？就是要去估量一个地域的大小；考虑谋臣的多寡；衡量财产物资的数量；估算有多少人口；物产中哪些富余哪些贫乏，分别到了何种程度；分辨知晓地形的险峻与平坦之处，何种地形有利，何种地形不利。谋划思虑，何为优，何又为劣；考察君臣之间的亲疏关系，谁为贤德，谁为奸佞；考察门客策士的智慧，谁多，谁少；观察天命祸福的趋向，何时是吉，何时是凶；考察诸侯之间的交往关系，谁可以利用，谁不可以利用；老百姓人心向背的变化，什么情况是安乐、什么情况又是危急，百姓喜欢什么、又憎恶什么。能够熟练地从反复无常的变化中进行辨别，并且知道如何应对，这就是所谓的量权。

揣情者，必以其甚喜之时，往而极其欲也①，其有欲也，不能隐其情；必以其甚惧之时，往而极其恶也②，其有恶也，不能隐其情。情欲必出其变。感动而不知其变者③，乃且错其人④，勿与语而更问其所亲⑤，知其所安⑥。夫情变于内者，形见于外⑦。故常必以其见者而知其隐者，此所以谓测深揣情。

【注释】　①极：竭尽。

②恶：憎恨、讨厌的事物。

③感动：使情感受到触动、打动。

④且：姑且，暂且。　错：通“措”，置，安放。

⑤更：改变。

⑥安：平静，稳定。

⑦见：显现，出现，后作“现”。

【译文】　所谓揣情，必定要在对方最高兴的时候去奉迎他，竭力去刺激并满足他的欲望；只要对方的欲望表现出来，其内心实情就难以隐藏。必定要在对方最惊恐的时候前去见他，想尽办法去刺激加重对方的惊恐；只要对方的惊恐表现出来，其内心实情就难以隐瞒。人的内心情感欲望常常在十分兴奋或者惊恐的时候表现出来。对那些已经被触动情感而我们仍然搞不清楚其内心变化的人，就暂且搁置一边不再与其交谈，而应改为向其身边亲近的人交流，去了解他之所以安然不动的真实心意。人的情感在内部发生了变化，必然要显现于外表。所以，一定要经常通过外在的表现去发现内部的真实情况。这就是所说的揣测内心 的办法。

故计国事者①，则当审权量②；说人主③，则当审揣情。谋虑情欲必出于此。乃可贵，乃可贱；乃可重，乃可轻；乃可利，乃可害；乃可成，乃可败。其数一也④。故虽有先王之道、圣智之谋，非揣情，隐匿无可索之⑤。此谋之大本也⑥，而说之法也。

【注释】 ①故：所以，因此。 计：考虑，谋划。

②审：详知，知悉。

③说（shuì）：劝说，说服。

④数：规律，道理。 一：相同，一样。

⑤隐匿：这里指对方内心隐藏的真实情况。 索：求取。

⑥本：根本。

【译文】 所以谋划国家大事，应当详知权量（权衡天下形势）的方法；游说君主的时候，应当熟悉揣情（揣摩实情）的方法。想探知对方谋划、思虑、情感和欲望，其手段必定都出于这种方法。应用权量、揣情的谋士，有的可能得到富贵，有的可能贫贱；有的可以得到重用，有的却被轻视；有的可以获得利益，有的却惨遭祸害；有的可以获得成功，有的却遭到失败。它的道理都是一样的。因此，虽然有古代先王治国之道的经验，有圣人智者谋略的典范，如果不能正确运用权量、揣度的方法，也就无法探求所有隐匿的真实情况。权量、揣测的方法是谋略的根本，也是游说的法则。

常有事于人[①]，人莫能先，先事而生，此最难为。故曰揣情最难守司[②]，言必时有谋虑[③]。故观蜎飞蠕动[④]，无不有利害，可以生事。美生事者，几之势也[⑤]。此揣情饰言成文章[⑥]，而后论之也。

【注释】 ①事：从事，使用。

②守司：把握，掌控。

③时：时常，时时。

④蜎：通“翾”（xuān）。飞翔。

⑤几：隐微，事情的征兆。

⑥饰：修饰。 言：一个字为一言。 文章：文辞，文采。

【译文】 往往某些事情的发生，人们不能够事先预料，因为预料事情的发生是最难的。所以说，揣情的方法最难掌控，游说进言的时候必须时时深谋远虑。因此，观察昆虫的飞动或蠕动，其中都藏有利害关系，由此都可能引发事物的变化。事物在变化之初，都会呈现一种不易察觉的隐微态势。这就是在运用揣情之术的时候，需要善于斟字酌句，修饰言辞使之富有文采，随后再去进行游说。

摩

摩者[1]，揣之术也。内符者[2]，揣之主也[3]。用之有道[4]，其道必隐[5]。微摩之[6]，以其所欲，测而探之，内符必应。其所应也，必有为之[7]。故微而去之，是谓塞窌[8]、匿端[9]、隐貌[10]、逃情[11]，而人不知，故能成其事而无患。摩之在此，符之在彼，从而应之[12]，事无不可。

【注释】 ①摩：切磋，体会，揣摩。

②内符：内心情感活动的外在表现。

③主：根本，基础。

④道：规律，道理。

⑤隐：隐蔽，隐匿。

⑥微：秘密地，暗中。

⑦有为：有所作为。

⑧窌（jiào）：地窖，这里引申为缝隙、漏洞。

⑨端：迹象，征兆。

⑩貌：外表，表现。

⑪逃：藏匿。 情：真情，实情。

⑫应：应和。

【译文】 所谓“摩”，是揣术的一种。通过对方的外在表现将其内心实情暴露，是揣术的主旨。应用“摩”（揣摩）的手段有一定规律，此规律即是行动时必须要隐秘。根据对方的欲求，暗中实施“摩”的手段，测试探究对方心中的实情，其内在情感的变化必定会通过外在表现显露出来。内外一相应合，就一定会在行动上有所作为。达到揣术所需要的目的之后，己方要悄悄离开，这就是说阻塞漏洞、消除痕迹、隐蔽外观、掩饰实情，让别人无从知晓，因而能成就事功而没有祸患。应用“摩”的手段在此处，而使对方的外部表现在彼处有所反应，从而再采取相应措施以应对，事情就没有不成功的。

古之善摩者，如操钩而临深渊[①]，饵而投之，必得鱼焉。故曰主事日成而人不知[②]，主兵日胜而人不畏也。圣人谋之于阴[③]，故曰神[④]；成之于阳[⑤]，故曰明。所谓主事日成者，积德也，而民安之不知其所以利；积善也，民道之不知其所以然[⑥]，而天下比之神明也[⑦]。主兵日胜者，常战于不争不费[⑧]，而民不知所以服，不知所以畏，而天下比之神明。

【注释】 ①操：持，拿着。

②主：掌管，主持。

③阴：暗中。

④神：玄妙、神奇。

⑤阳：表面，公开。

⑥道：通“导”，引导。

⑦神明：明智如神。

⑧争：争夺。　费：耗费，损耗。

【译文】　古代善于应用“摩”（揣摩术）手段的人，就像拿着钓钩来到深潭边钓鱼一样，投下鱼饵，就必定能钓到鱼。所以说，这种人掌管政事，逢事都能处理得当而别人没有察觉；统兵出征，每战必胜而使所属兵士不再感到畏惧。圣人于悄无声息中谋划策略，因此被称为“神”；成就事业显于明处，因此被称为“明”。所谓掌控政事而能逢事必成的人，是因为他积累德行，百姓安居乐业却不知道得到利益的原因；是因为他积累善行，百姓安居乐业，却不知道得到利益的原因；多行善事，而人民乐于顺从，却不知道为什么要这样做。因而天下人称他为“神明”。统兵出征而每战必胜的人，是因为他经常采用不使用武力、不消耗人力物力的战术，百姓也不知道敌方由于什么原因而顺服、由于什么原因而畏惧。因而，天下人将他比作“神明”。

其摩者，有以平[①]，有以正[②]，有以喜，有以怒，有以名[③]，有以行[④]，有以廉，有以信[⑤]，有以利，有以卑[⑥]。平者，静也；正者，宜也；喜者，悦也；怒者，动也[⑦]；名者，发也[⑧]；行者，成也[⑨]；廉者，洁也；信者，期也[⑩]；利者，求也；卑者，諂也[⑪]。故圣人所独用者，众人皆有之，然无成功者，其用之非也。

【注释】 ①平：平和、平静的方法。

②正：恰好，正好。

③名：名誉，名声。

④行：作为，行动。

⑤信：守信用。

⑥卑：谦卑。

⑦动：震动。

⑧发：散发。

⑨成：成功，成就。

⑩期：期望，要求。

⑪諂：通“韬”，隐藏，隐瞒。

【译文】 运用“摩”的方法有很多种：有的可以用平，有的可以用正，有的可以用喜，有的可以用怒，有的可以用名，有的可以用行，有的可以用廉，有的可以用信，有的可以用利，有的可以用卑。所谓平，就是平静，心平气和地对待事物；所谓正，就是直言相告，可以使行为恰当适宜；所谓喜，就是喜悦，可以使心情喜悦；所谓怒，就是愤怒鼓动，可以使对方情绪激动；所谓名，就是名誉，可以抬高并远播对方的名声；所谓行，就是行为、成功，可以使行动趋于成功；所谓廉，就是廉洁，可以使对方感到己方清廉自律；所谓信，就是明了，可以因讲信用而使他方有所期待；所谓利，就是利益，可以让对方有所获求；所谓卑，就是谄媚，可以讨好对方。惟独圣人能够将这些方法运用自如，众人虽然也都拥有，但无法取得成功的原因是他们没有掌握规律、运用不当。

故谋莫难于周密[1]，说莫难于悉听[2]，事莫难于必成。此三者，唯圣人然后能任之[3]。故谋必欲周密，必择其所与通者说也[4]，故曰或结而无隙也[5]。夫事成必合于数[6]，故曰道数与时相偶者也[7]。

【注释】 ①周密：周到而细密。

②悉：全都，都。

③任：堪，胜任。

④说：商量，谋划。

⑤结：绳带等打成的结。

⑥数：权术，方略。

⑦偶：遇；遇合，适合。

【译文】 所以说，筹谋划策，最难的就是要做到周详细密；进行游说，最难的就是要做到让对方言听计从；办理事情，最难的则是要做到必须成功。只有圣人才能做到这三个方面。因此，谋略一定要做到周到缜密，必须要选择能与自己相默契的人一起筹划，所以说，如同打结的绳子一样紧密而没有缝隙。事情处理要取得成功，必定要符合应有的权术、方略，所以说规律、方法和时机三者要相契合。

说者听必合于情[1]，故曰情合者听。故物归类[2]，抱薪趋火[3]，燥者先燃；平地注水[4]，湿者先濡[5]。此物类相应，于势譬犹是也[6]。此言内符之应外摩也如是。故曰摩之以其类焉，有不相应者，乃摩之以其欲，焉有不听者？故曰独行之道。夫几者不晚[⑦]，成而不拘[⑧]，久而化成[⑨]。

【注释】 ①情：志向，意志；主观愿望。

②类：类别。

③薪：木柴。　趋：奔向，奔赴。

④注：灌入，流入。

⑤濡：湿润。

⑥势：形势，趋势。

⑦几：事情的征兆。

⑧拘：取。

⑨化：生成。

【译文】 所说的言辞要使对方言听计从，必定要合于对方的意愿，因此说合于情的言辞才会被听从。万物以类聚，抱着柴草奔于火中，干燥的柴草率先燃烧；往平地上倒水，湿润的地方会率先湿透。这是事物因性质相同而产生相应的道理，在情势上也是如此。这里所说的内心的反应与外在的表现相应合也是如此。所以说，以同类事物去使用“摩”的手段去求，如果有不相应和的情况，就以“摩”的手段刺激并满足其欲求。如此，对方怎么会不听从？所以说揣摩的方法是唯一可行的方法。那些能够见到事物的微小征兆，就立刻采取行动的人，事成之后也不居功，长久之后，就能够教化天下，获得成功。

权

说者[1]，说之也；说之者，资之也[2]。饰言者[3]，假之也[4]；假之者，益损也；应对者[5]，利辞也[6]，利辞者，轻论也[7]；成义者[8]，明之也[9]，明之者，符验也[10]。言或反覆[11]，欲相却也[12]。难言者[13]，却论也[14]，却论者，钓几也[15]。

【注释】 ①说：游说。

②资：帮助。

③饰：修饰，粉饰。

④假：借助，凭借。

⑤应：回答。对：臣下奉诏陈述政见、对策。

⑥利：对……有利。

⑦轻：快速，浮泛。

⑧义：合理的主张和思想。

⑨明：阐明。

⑩符验：符合，验证。

⑪或：有时。

⑫却：使退。

⑬难：诘难，责难。

⑭却：拒绝。　论：言论，主张。

⑮钓：谋取，诱取。　几：机密。

【译文】　所谓的游说，就是为了说服对方；所谓的说服对方，是要借助他的力量做事情，必须要对他有所帮助。修饰言辞，正是要借助巧辩言辞来说服对方；要借助言词，必然有所增加或减少来修饰。应辩对答，正是靠的巧辩言辞；要巧辩言辞，正是要作浮泛留有余地的回答。游说言辞合于义理的，正是需要阐明清楚的地方；要阐明清楚，正是要通过其他的事实来验证。双方言辞不合时，就需要反复辩论，目的是使对方让步。双方言辞有责难时，己方要拒绝对方的言论；驳斥对方的言论，就是要引诱对方说出隐秘的意图。

佞言者[①]，谄而干忠[②]；谀言者[③]，博而干智[④]；平言者，决而干勇[⑤]；戚言者[⑥]，权而干信[⑦]；静言者，反而干胜。先意承欲者[⑧]，谄也；繁称文辞者[⑨]，博也；纵舍不疑者[⑩]，决也；策选进谋者，权也；先分不足而窒非者[⑪]，反也。

【注释】　①佞：用巧言奉承人，能言善辩。

②干：求。

③谀：谄媚，用甜言蜜语奉承。

④博：讨取，换取。

⑤决：果决，坚决。

⑥戚：忧，忧伤。

⑦权：权诈。

⑧承：顺承，奉承。

⑨称（chèn）：好，美好。

⑩纵：听任。

⑪窒：阻塞，堵塞。

【译文】 所谓奸佞的言辞，并非发自内心，故意用谄媚的言辞讨好对方，隐藏自己的意图而博取忠诚的声名；所谓阿谀的言辞，是用繁复华丽的辞藻而博取智慧的声名；所谓平实的言辞，是用直接干脆的言辞，表现出果敢决断而博取勇敢的声名；所谓忧伤的言辞，是使用权诈而博取对方的信任；所谓平静的言辞，是隐藏自己的不足，而反诘对方的不足，来博取胜利。所谓先揣摩对方的欲求，然后顺承他的欲求去言说，这就是諂。所谓使用繁复华美的辞藻去言说，这就是博；所谓摈弃疑虑而直截了当地去言说，这就是决。所谓根据形势变化去选择运用谋略，这就是权。所谓掩盖自己不足，反而指责强调对方不足，这就是反。

故口者，机关也[①]，所以关闭情意也。耳目者，心之佐助也[②]，所以窥瞷奸邪[③]。故曰参调而应[④]，利道而动[⑤]。故繁言而不乱，翱翔而不迷[⑥]，变易而不危者[⑦]，睹要得理[⑧]。故无目者不可示以五色[⑨]，无耳者不可告以五音[⑩]。故不可以往者[⑪]，无所开之也，不可以来者[⑫]，无所受之也。物有不通者，圣人故不事也[⑬]。古人有言曰："口可以食，不可以言。"言者，有讳忌也。众口烁金[14]，言有曲故也[15]。

【注释】 ①机关：设有机件并能制动的机械装置。这里以比喻人体器官，指口为言语的发动机关。

②心：心脏，古人以心为思维器官。 佐助：辅助，帮助。

③瞷（jiàn）：窥探，窥视。

④参（sān）：数词。三，配合成三的；这里指口、耳、目。

⑤道：途径，方法。

⑥翱翔：鸟展开翅膀在空中回旋地飞。这里指逍遥自得，行动自由。

⑦易：改变。危：通"诡"，欺诈。

⑧睹：察看。 要（yào）：关键，要领。

⑨无目：这里指没有视力。 五色：青、黄、赤、白、黑五种颜色；这里泛指各种颜色。

⑩无耳：这里指没有听力。 五音：犹"五声"。指宫、商、角、徵、羽。这里泛指音乐。

⑪往：这里指前去游说。

⑫来：这里指前来听言。

⑬故：因此。事：从事。

⑭众口铄金：众人异口同声的言论，能够熔化金子。比喻舆论力量强大。

⑮曲：邪僻不正。 故：缘故，原因。

【译文】 所以说，口是发出言辞的机关，是用来控制实情和情意的。耳朵和眼睛是心的辅助器官，是用来窥探、发现破绽和奸邪的。所以说，口、耳和目三者要相互协调，选择有利的方向和途径再去行动。如此方能做到，言辞繁多但不使人思维混乱，出入自由但不使人迷失自我，情况变化但不使人受诈，这些关键都在于抓住要领、看清事理。所以说，对于没有视力的人，是没有必要展示各种颜色给他们看；对于没有听力的人，是没有必要演奏音乐给他们去听。所以说，不前去说服对方，是由于其蒙昧而无法开示；而不让对方前来征召的，是因为其浅薄而令人无法接受。双方信息无法沟通，圣人是不会轻易从事的。古人有言：“口是用来吃东西的，不是用来说话的。”讲的就是说话是有忌讳的。舆论的力量就在于众人的言辞可以将金属熔化。这正是言语表达时容易偏颇不正的缘故。

人之情，出言则欲听①，举事则欲成②。是故智者不用其所短，而用愚人之所长，不用其所拙，而用愚人之所工③，故不困也④。言其有利者，从其所长也；言其有害者，避其所短也。故介虫之捍也⑤，必以坚厚；螫虫之动也⑥，必以毒螫。故禽兽知用其所长，而谈者亦知其用而用也⑦。

【注释】 ①听：使……听从、接受。

②举：行，事。

③工：擅长，善于。

④困：遇到困难，被难住。

⑤介：带有甲壳虫类或水族。 捍：同“扞”，捍卫，抵御。

⑥螫（shì）：毒虫刺人，毒蛇咬人。

⑦谈者：这里指说客。

【译文】 人之常情，是说出的话总希望他人言听计从，筹办事情总希望能够成功。因此，明智的人避免使用自己的短处，而利用愚笨者的长处。避免使用自己不擅长之处，而利用愚笨者所擅长之处，因此不会让自己陷入窘困的境地。游说的时候，阐述事情有利的一面，是从其长处而言；阐述事情不利的一面，是从其短处而言。所以甲虫之类进行防卫，必定是依靠它坚硬的甲壳；毒虫毒蛇之类的活动，必定使用刺或牙中的毒液。所以说，禽兽都知道利用自身的长处，游说的人更应该知道运用他该用的方法。

故曰辞言有五[①]：曰病、曰恐、曰忧、曰怒、曰喜。病者，感衰气而不神也[②]；恐者，肠绝而无主也[③]；忧者，闭塞而不泄也[④]；怒者，妄动而不治也[⑤]；喜者，宣散而无要也[⑥]。此五者，精则用之[⑦]，利则行之。故与智者言依于博[⑧]；与博者言依于辨，与辨者言依于要[⑨]，与贵者言依于势[⑩]，与富者言依于高[⑪]，与贫者言依于利，与贱者言依于谦[⑫]；与勇者言依于敢，与愚者言依于锐[⑬]。此其术也，而人常反之[⑭]。

【注释】 ①辞：言辞，文辞。

②神：精神，意识。

③肠：内心，感情。

④闭塞：文中指情志抑郁。　泄：发散，宣泄。

⑤妄：胡乱，不法。　治：指有秩序，有条理。

⑥宣：宣泄，抒发。　要：约束。

⑦精：精力，精神。

⑧博：丰富，多。

⑨要：关键，要领。

⑩势：权势，势力。

⑪高：崇敬，崇尚。

⑫贱：地位卑下。　谦：谦逊。

⑬锐：精明，敏锐。

⑭反：违反，违背。

【译文】　所以说，要掌握游说的五种言辞，即病言、恐言、忧言、怒言、喜言。所谓病言，是言谈让对方听了感到气馁而无精打采；所谓恐言，是让对方听了感到惊恐而失去主见；所谓忧言，是让对方听了内心郁结而愁绪不畅；所谓怒言，是让对方听了情绪激动而思维混乱；所谓喜言，是让对方听了得意忘形而失去主见。这五种言辞，只有精通了才能使用，只要有利即可实行。所以说，与智者交谈要凭借于渊博的知识，与博学者交谈要善于辨析事理，与善辩者交谈要依托于能够抓住说话的要领，与高贵者交谈要有相应的气势和权势，与富人交谈要有尊敬的态度对待他，与穷人交谈要有能够给对方带来利益的出发点，与卑贱者交谈要用谦卑的方式对方才能接受，与勇敢者交谈言辞要果敢直接，与愚笨者交谈要从细微之处着眼，使用对方易于理解的言辞以便沟通。这些是与人交谈的技巧，但是很多人却常常违背它。

是故与智者言，将此以明之[①]；与不智者言，将此以教之，而甚难为也。故言多类[②]，事多变。故终日言，不失其类而事不乱。终日变而不失其主[③]，故智贵不妄。听贵聪[④]，智贵明，辞贵奇[⑤]。

【注释】　①明：明白，懂得。

②类：种类，类别。

③主：根本。

④聪：听清楚，听而明审。

⑤奇：出人意表，变幻莫测。

【译文】　所以对聪明的人而言，使用这些言谈的技巧原则，他们很容易就会明白。对于愚笨的人来说，要用这些言谈的技巧原则引导他们，但这是很难做得到的。因为，说话的技巧有很多类型，而事情的发展又是千变万化。因此，即使终日谈论，言谈技巧也不会超出这些类别，事情也不会混乱。事情不断变化，但不会失其变化的根本，所以智慧最可贵之处在于按照规律即会有条不紊。听对方言辞贵在能够听得真切明白，智慧贵在能够明辨事理，而言辞贵在变化莫测、出其不意。

谋

凡谋有道[①]，必得其所因，以求其情[②]。审得其情[③]，乃立三仪[④]。三仪者，曰上、曰中、曰下，参以立焉[⑤]，以生奇。奇不知其所雍[⑥]，始于古之所从[⑦]。故郑人之取玉也，载司南之车[⑧]，为其不惑也[⑨]。夫度材量能揣情者，亦事之司南也[⑩]。

【注释】　①道：规律。

②情：真情，实情。

③审：仔细考察，详究。

④仪：法度，准则。

⑤参：检验，验证。

⑥雍：通“壅”，堵塞。

⑦从：从事，参与。

⑧司南：古代辨别方向用的一种仪器。

⑨惑：迷乱，文中指迷失方向。

⑩司南：这里指准则、指导。

【译文】　凡是出谋划策都有一定的规律，必须探求事情的原委，以掌握其真实情况。详尽地探求对方实情后，于是就需确立三条标准。所谓三条标准就是上智、中才、下愚。三条标准互相参验，确定所需要的一种，奇谋便产生了。奇谋因顺应事理，所以没有阻塞、无所不胜，始于古人的实践，从古代就已经开始产生。所以说，郑国人入山采玉时，都要驾着指南车去，目的是为了不迷失方向。那么，所谓衡量对方才干、揣度对方实情的目的，也就是行动的指导与准则。

故同情而相亲者①，其俱成者也；同欲而相疏者，其偏害者也②。同恶而相亲者③，其俱害者也；同恶而相疏者，其偏害者也。故相益则亲，相损则疏。其数行也④，此所以察异同之分也⑤。故墙坏于其隙，木毁于其节⑥，斯盖其分也⑦。故变生事，事生谋，谋生计，计生议⑧，议生说⑨，说生进，进生退，退生制。因以制于事⑩，故百事一道而百度一数也⑪。

【注释】 ①同：相同，一样。 相：相互，交互。

②偏：单独注重一方面或对人对事不公正。

③恶：憎恨。

④数：规律，道理。

⑤分：分辨，区别。

⑥节：草木枝干交接处。

⑦斯：指示代词。此。

⑧议：主张，意见。

⑨说：劝说，说服。

⑩制：制约，约束。

⑪百事：这里指各种事情。　度：法度，制度。　数：规律，道理。

【译文】　所以说，如果二者情实相同而关系紧密，是因为双方于其中都可获利；二者情实相同而关系疏远的，是情势对一方有所偏害。二者同处逆境而关系紧密，是双方俱受其害的缘故；同处逆境而关系疏远，是其中一方独受其害的缘故。可见双方皆有利则会关系亲近，双方中有一方受损就会关系疏远。该原理在起作用，这就是我们在具体情况下发觉双方异同的原则。所以说，墙壁从有裂隙的地方开始塌倒，草木是由枝干交接的地方折断，缝隙和交接处就是墙和树木的分界处。因此，事物变化发展产生新的问题，问题产生就需要谋划去解决，谋划的实现就需要计策去施行，计策的制定就需要明确的主张和意见，明确的主张和意见就需要游说和辩论，游说和辩论就会使问题朝解决的方向发展，问题解决了则要考虑到退路，退路考虑好了就形成了完整的制度。用制度来制约问题的解决。因此，万事万物的变化都有相同的道理，各种制度也都有一定的法则。

夫仁人轻货[①]，不可诱以利，可使出费[②]；勇士轻难[③]，不可惧以患[④]，可使据危[⑤]；智者达于数[⑥]，明于理，不可欺以不诚，可示以道理，可使立功，是三才也[⑦]。故愚者易蔽也，不肖者易惧也[⑧]，贪者易诱也，是因事而裁之[⑨]。故为强者，积于弱也；为直者，积于曲也；有余者，积于不足也。此其道术行也。

【注释】　①轻：轻视。

②费：财用，费用。

③难：祸殃，灾难。

④惧：使害怕，恐吓。　患：祸害，灾难。

⑤据：居，处于。　危：危险，危急。

⑥达：通晓。　数：道理。

⑦三才：这里指仁人、勇士、智者三种类型的人才。

⑧不肖：品行不端、不正派。

⑨因：根据，按照。　裁：裁决，裁断。

【译文】　有仁义的人轻视财货，不可以用物质利益来引诱他，但是可以让他们捐出财货；勇士轻视危难，不可以用祸患去威吓他，但是可以让他们到危险的地方去解除危难；智者通晓万物的规律、明于事理，不可以用诡诈去欺骗他，但是可以向他讲明道理，让他建功立业。这是三种有才干的人才！所以说，愚昧的人容易受到蒙蔽，品行不端的人容易被恐吓，贪婪的人则容易被引诱，这是根据不同人的具体情况来判断的。所以说，强大的人是由弱小不断积累而成的，平直的木条也是削去众多弯曲的部分才制作成的；盈余也是由不足不断积累而成的。明白这个道理，道术才能得以实行。

故外亲而内疏者[①]，说内；内亲而外疏者，说外。故因其疑以变之[②]，因其见以然之[③]，因其说以要之，因其势以成之，因其恶以权之，因其患以斥之[④]。摩而恐之[⑤]，高而动之[⑥]，微而正之[⑦]，符而应之，拥而塞之[⑧]，乱而惑之，是谓计谋。计谋之用，公不如私[⑨]，私不如结，结而无隙者也。正不如奇[10]，奇流而不止者也[11]。故说人主者，必与之言奇；说人臣者，必与之言私。

【注释】 ①外：指表面。 内：指内心。

②因：顺着。

③见：表现。后作“现”。 然：正确，对。

④斥：驱逐，摒弃。

⑤恐：威吓，恐吓。

⑥高：使之高。

⑦微：弱，衰败。 正：整治，治理。

⑧拥：通“壅”，堵塞。

⑨公：公开。 私：私下。

⑩奇：泛指出人意表、变幻莫测的策略和计谋。

⑪流：变化。

【译文】 所以说，对于表面亲近而内心疏远的人，要从内心入手去游说他；对于内心亲近而表面疏远的人，要从外部入手去说服他。所以，对方如果有疑惑，就要顺着他的怀疑而改变自己的策略；对方如果有表现，就要顺应他的表现来肯定他；对方如果有言说，就要顺应他的观点来应和他；对方情势如果呈现有利变化，就因势利导来成全他；对方如果有憎恶的对象，就顺着他的祸患为他谋划对策；对方如果有担忧，就要设法替他排除。运用“摩”（揣摩之术）的方法让他感到恐惧，抬高对方使他名不副实而感到不安，先让对方衰败再整治挽救以谋取其信任，为对方设计征兆，并加以印证以诱取其信任，蒙蔽对方，使对方处于迷乱之中而缺乏主见，这些就叫作计谋。运用计谋，公开不如隐蔽，隐蔽不如二人密谋，二人密谋如同打结的绳子一样密而不漏。谋划策略时，遵循常理往往比不上出奇制胜，奇策千变万化，像流水一样，而不能被停止。所以说，游说君主的时候必须要与其谈论奇策，游说人臣的时候必须要谈有关其私人利害关系的事情。

其身内其言外者疏，其身外其言深者危。无以人之所不欲而强之于人[①]，无以人之所不知而教之于人。人之有好也[②]，学而顺之；人之有恶也[③]，避而讳之。故阴道而阳取之也。故去之者纵之[④]，纵之者乘之[⑤]。貌者[⑥]，不美又不恶[⑦]，故至情托焉。可知者，可用也；不可知者，谋者所不用也，故曰事贵制人[⑧]，而不贵见制于人[⑨]。制人者，握权也[⑩]；见制于人者，制命也。故圣人之道阴[⑪]，愚人之道阳。智者事易，而不智者事难。以此观之，亡不可以为存，而危不可以为安，然而无为而贵智矣[⑫]。

【注释】 ①无：通“毋”，不要。

②好：喜爱。

③恶：忌讳。

④去：除去，去掉。 纵：放纵。

⑤乘：碾压，践踏。

⑥貌：外表，表面。

⑦美：赞美，以为美。 恶：憎恨。

⑧制：制约，控制。

⑨见：加在动词前表示被动。

⑩握：掌握，控制。

⑪道：规律，道理。　阴：暗中，隐而不露。

⑫无为：顺其自然。

【译文】　和对方关系密切而说话见外的人，必定会失去信任而导致疏远；而和对方关系疏远却说话密切的人，必定会给自己招致危险。不要拿别人不愿意做的事或物，强加给对方；不要拿别人不知道的事，强行去教导对方。对方如果有某种爱好，可以学着去迎合他；对方如果有某些忌讳，可以学着避讳不言。这就是用背地里悄无声息暗中讨好的行事方式而获得公开的回报。所以说，想要除掉对方就去放纵他，放纵对方正是为了抓住机会制服他。外貌喜怒不形于色的人，可以将实情托付于他。对于彻底了解的人，是可以信任任用的；对于不了解的人，则不能信任他、使用他。所以说，办任何事情，最重要的是制约住别人，而不是被别人所控制。控制别人的人，自己就掌握了主动权；被他人控制的人，自己的命运就被捏在别人手里。因此，圣人运用谋略讲究的是隐藏不露，愚人做事谋略则大肆张扬。聪明的人行事很容易，愚笨的人成事则很困难。由此看来，即使消亡的东西难以再现、困境也难以转危为安，但顺应规律和强调智慧依然是十分必要的。

智用于众人之所不能知，而能用于众人之所不能见[①]。既用，见可否，择事而为之，所以自为也[②]。见不可，择事而为之，所以为人也。故先王之道阴。言有之曰：“天地之化[③]，在高与深，圣人之制道[④]，在隐与匿”。非独忠信仁义也[⑤]，中正而已矣[⑥]。道理达于此义者，则可与语。由能得此，则可与谷远近之诱[⑦]。

【注释】 ①能：才能。

②自为：为自己，有保全自己的意思。

③化：生长，化育，自然界生成万物的功能。

④制：掌管。

⑤独：只有

⑥中正：不偏不倚。

⑦谷：通“毂”，原意是车轮中心的圆木。外沿与车辐相接，中有插轴的圆孔，这里以此喻为使天下归服。

【译文】 智慧要用在众人无法察觉的地方，才能要用在众人无从发觉的地方。运用智慧与才能，就要看是否可行，如果可行，选择事情自己去做，这是为自己去做的；如果不可行，也要选择一些事情，这是为了别人去做的。所以先王的治世之道是隐藏不露的。古语说：“天地间的造化在于高深莫测，圣人的立世法则在于隐匿不显。”不仅仅讲求忠信仁义的道理，还得合乎不偏不倚的法则。只有通达这些道理的人，才可以与他谈谋略的事宜。能够懂得这些道理的，行为能够契合这些，就可以使远近归服，从而驱使天下了。

决

凡决物[①]，必托于疑者。善其用福，恶其有患。善至于诱也[②]，终无惑偏[③]。有利焉，去其利则不受也，奇之所托。若有利于善者，隐托于恶，则不受矣，致疏远。故其有使失利者，有使离害者[④]，此事之失。

【注释】　①决：决断，决定。

②诱：诱导。

③惑：疑惑。　偏：偏颇。

④离：通“罹”。遭受，遭遇。

【译文】　凡是对事情做决断，必定是存有疑虑的，善于决断就会得到福佑，不善于决断则会得到祸害。善于决断，要先引导出事物的真实情况，如此就始终不会陷入疑惑与偏颇。决断事物总会存在利益，失去利益就不会被接受，这就需要凭借这种情况来制定奇谋妙策了。如果决断从表面看是好的，而暗中却隐藏有不好的一面，则不会被别人接受，最终还是要疏远。所以说，决断有可能使人失去利益，有可能使人遭遇祸患，这都是决断事情时的失误。

圣人所以能成其事者，有五：有以阳德之者[①]，有以阴贼之者[②]，有以信诚之者，有以蔽匿之者，有以平素之者。阳励于一言[③]，阴励于二言[④]，平素、机枢以用[⑤]。四者，微而施之[⑥]。于是度之往事[⑦]，验之来事，参之平素[⑧]，可则决之。王公大人之事也，危而美名者[⑨]，可则决之；不用费力而易成者，可则决之；用力犯勤苦[⑩]，然而不得已而为之者，可则决之；去患者[⑪]，可则决之；从福者，可则决之。故夫决情定疑，万事之基。以正乱治[⑫]、决成败，难为者。故先王乃用蓍龟者[⑬]，以自决也。

【注释】　①德：恩惠，恩德。

②阴：暗中。　贼：害，祸害。

③励：鼓励。勉励。文中指追求。　一言：这里指说话前后一致。

④二言：这里指说话前后不一致。

⑤机枢：比喻事物的关键部分。

⑥微：暗中，秘密地。

⑦度（duó）：衡量。

⑧参：检验，验证。

⑨危：高。

⑩犯：遭遇。　勤：劳累，辛苦。

⑪去患：除去祸患。

⑫正：整治，治理。

⑬蓍（shī）龟：指卜筮。蓍草和龟甲都是卜筮所用之物。蓍，草名，可入药。古人用其茎占卜。

【译文】 圣人之所以能够成就事业，是因为有五种方法：有公开施以恩德来感化对方的方法，有以隐蔽的计谋来暗算对方的方法，有以坦诚相待使对方产生信任的方法，有以欺诈的手段蒙蔽对方的方法，也有以用常规的方式来对待对方的方法。其中，使用“阳”一类的方法，要坚持前后言辞一致、始终如一；使用“阴”一类的方法，言辞要相机而动、变化多端；另外，再加上常规时运用的方法，和关键时运用的手段。这四种方法，都要微妙配合，综合运用。于是，再衡量过往的事情，验证将来的事情，参照平常的情况，便可以作决断了。给王公大人效力，事情高尚又能获得好名声的，可以去作决断；不用费力就容易将事情办成功的，可以去作决断；有些事情虽然费力劳苦，然而不得不去做的，可以去作决断；事情能排除忧患的，可以去作决断；事情能带来福佑的，可以去作决断。所以说，决断事件、解决疑难，是处理万事的根本。决情定疑关系到国家的治与乱，事业的成与败，因此是很难做的事情。所以先王才借助于蓍草和龟甲，来辅助自己做出决定。

符　言[①]

安徐正静[②]，其被节无不肉[③]。善与而不静[④]，虚心平意以待倾损[⑤]。右主位。

【注释】　①符言：符，即符节，古代朝廷传达命令或征调兵将用的凭证，双方各执一半，以验真假。符言是指言语和事实像符节一般完全吻合。

②安：平静。徐：从容。　正：不偏，不斜。　静：精神贯注专一。

③被：及，遍及。　节：人或动物的关节。

④与：交往。　不静：沉静无为。静，这里作“争”。

⑤虚：使空虚。　待：对待，对付。　倾损：倾覆与损害。

【译文】　在位者须平静、从容、公正、专注，就像骨头关节上有肉必须附着于其上一样，才能活动，发挥作用。善于交往而与世无争，虚怀若谷，内心谦虚，意气平和地处理天下万物的变化，以防备倾覆和损害。以上讲的是在位者的修养。

目贵明[①]，耳贵聪[②]，心贵智[③]。以天下之目视者，则无不见；以天下之耳听者，则无不闻；以天下之心虑者，则无不知。辐辏并进[④]，则明不可塞。右主明。

【注释】 ①明：视力好。

②聪：听觉灵敏。

③智：聪明，智慧。

④辐辏：车的辐条集凑于车轴心。比喻人或物聚集在一起。辐，车轮的辐条；辏，车轮的辐条内端集于上，引申为聚、聚集。

【译文】 眼睛贵在清澈，耳朵贵在灵敏，心灵贵在拥有智慧。如果能用天下人的眼睛去观察，就没有什么东西是看不见的；如果能用天下人的耳朵去倾听，就没有什么东西是听不到的；如果能用天下人的智慧去思索，就没有什么东西是不知晓的。如果能使天下人像车轮辐条集于轴一样，归于自己，就可以洞悉一切、无可闭塞。以上讲的是如何明察。

德之术曰[①]：勿坚而拒之[②]。许之则防守，拒之则闭塞。高山仰之可极[③]，深渊度之可测[④]。神明之位德术正静，其莫之极[⑤]。右主德。

【注释】 ①德之术：推崇德的方法。

②坚：顽固，固执。

③极：到达极点、尽头。

④渊：深水潭。 测：测量水的深度。“测”表示行为。

⑤莫：没有什么。

【译文】 推崇德的方法是：不要固执己见而拒绝他人。接纳他人，就会增加我方力量，巩固自己的防守阵营；拒绝他人，则会阻塞自己的听闻，减弱自己的实力。山再高也可以望见山顶；渊再深也可以测量；德术应有如神明一样的地位，施行德术时须公正沉着，做到了这些，就没有什么能与之相比。以上讲的是如何崇德的方法。

用赏贵信[①]，用刑贵正[②]。赏赐贵信，必验耳目之所闻见，其所不闻见者，莫不暗化矣。诚畅于天下神明[③]，而况奸者干君[④]。右主赏。

【注释】 ①信：信用，守信用。

②正：公正，不偏不斜。

③诚：连词，表示假设。果真，如果。

④干：触犯，冒犯。

【译文】 奖赏贵在守信，刑罚贵在公正。赏赐贵守信，一定要以自己亲眼所见亲耳所闻为依据，这样做，对于那些不能通过亲眼所见、亲耳所闻的事，也有潜移默化的影响。如果赏必信、刑必正能够畅行于天下，达到神明的境地，那么又怎么会害怕奸邪之徒触犯君主。以上讲的是如何进行奖赏。

一曰天之[①]，二曰地之[②]，三曰人之[③]。四方上下，左右前后，荧惑之处安在[4]。右主问[5]。

【注释】 ①天：天时。之：助词。在句中只起调节音节的作用，无实义。

②地：地利。

③人：人和。

④荧惑：迷惑。 安：疑问代词。哪里，哪儿。

⑤问：询问，咨询。

【译文】 一是上知天时，二是下知地利，三是通晓人事。这样，四方、上下、左右、前后，各种因素都通晓明白。那么象征吉凶祸福的荧惑之星又会在何处存在？以上讲的是为什么要善于询问。

心为九窍之治[1]，君为五官之长[2]。为善者，君与之赏；为非者，君与之罚。君因其所以求，因与之，则不劳[3]。圣人用之，故能赏之。因之循理[4]，固能久长[5]。右主因。

【注释】 ①心：古人以心为思维器官，九窍皆受心控制。 九窍：九孔。阳窍有七，双耳、双目、双鼻、口；阴窍有二，尿道、肛门。治：管理，这里引申为主宰。

②五官：殷、周时分掌政事的五种官职。殷商时指司徒、司马、司空、司士、司寇，西周时期是指司徒、宗伯、司马、司寇、司空。 长：

居首位，首领。

③劳：操劳，劳苦。

④循：依照，遵守。

⑤固：通“故”。因此，所以。

【译文】 心是九窍的主宰，君主是百官的统领。做了善事的人，君主应该给予赏赐；做了坏事的人，君主应该给予惩罚。君主依据百官的行为给予赏罚，这样治国就不会辛劳。圣人运用这个道理，因此赏罚能各得其所。君主依循这个道理来治国，国祚因此才能长久。以上讲的是统治的依据。

人主不可不周[①]，人主不周，则群臣生乱。家于其无常也，内外不通，安知所开。开闭不善[②]，不见原也[③]。右主周。

【注释】 ①周：周全，周到。

②开闭：指捭阖。

③原：根源。

【译文】 君主考虑事情不能不周全。君主如果考虑事情不周全，各方利益难以平衡，群臣内部就容易产生祸乱。群臣如果处于混乱无常状态之中，内外消息就会难以畅通，那么君主就无从知道问题从何处开端。君主不善于运用捭阖之术，就无法推究问题产生的根源。以上讲的是君主为何要周全。

一曰长目[①]，二曰飞耳[②]，三曰树明[③]。明知千里之外，隐微之中，是谓洞天下奸[④]，莫不暗变更[⑤]。右主恭[⑥]。

【注释】 ①长目：这里指用天下人的眼睛来观察。

②飞耳：这里指用天下人的耳朵来倾听。

③树明：这里指用天下人的智慧来思考。树，设置、设立。

④洞：洞察。

⑤变更：这里指弃恶从善。

⑥恭：陶弘景注曰："主于恭者，在于聪明文思。"

【译文】 一是能够用天下人的眼睛去观察；二是能够用天下人的耳朵去倾听；三是能够用天下人的智慧去思考。那么，就会清楚明白千里之外的事情，知晓隐蔽微妙的事情，这叫作洞察天下，那么奸邪之徒没有不暗中转变的。以上讲的是君主如何做到恭。

循名而为[①]，实安而完[②]。名实相生[③]，反相为情。故曰：名当则生于实[④]，实生于理[⑤]，理生于名实之德，德生于和[⑥]，和生于当。右主名。

【注释】 ①循：依照。

②完：完好，完善。

③相生：互相依存。

④当：恰合，适当。

⑤理：道理，规律。

⑥和：这里指名与实的和谐、统一。

【译文】 依照名去求其实，名副其实即会安全。名与实是相互依存的，也是互为表里的。所以说，名的恰当是由于其符合实，实又是从理中产生的，理产生于名与实相结合的名实之德，德又是由于名与实的对应协调而生，而这些协调在于取名要得当。以上讲的是名副其实的重要性。

转　丸（亡佚）

胠　乱（亡佚）

本经阴符七篇

盛神法五龙[①]

盛神中有五气[②]，神为之长[③]，心为之舍[④]，德为之大，养神之所归诸道[⑤]。道者，天地之始，一其纪也[⑥]，物之所造，天之所生，包宏无形[⑦]，化气[⑧]，先天地而成，莫见其形，莫知其名，谓之神灵。故道者，神明之源，一其化端[⑨]。是以德养五气，心能得一，乃有其术。

【注释】 ①盛：兴旺，旺盛。盛神，使精神旺盛，养神。 法：效法。 五龙：即五行之龙。文中指五行金、木、水、火、土的神气。五行指金、木、水、火、土五种物质元素。古人认为万物是由这五种元素构成的。

②五气：指心、肝、脾、肺、肾等五脏之气，表现为精、神、魂、魄、志。

③长：首领，执掌。

④舍：泛指房舍或止宿之处。

⑤所：这里指途径。 诸：相当于“之于”。 道：道家所说的万物之源与规律。

⑥纪：丝的头绪，这里引申为开端。

⑦包：包含，包容。 宏：大，广博。 无形：这里指混沌状态。

⑧化气：生成、化育万物之气。

⑨端：开端。

【译文】 旺盛的精神中有五气，即精、神、魂、魄、志等五脏之气。五气之中，神是主宰，心是居所，德能使精神壮大。养人之精神的途径，最终归之于道。所谓道，是天地的开始，“一”又是道的开端。道是天地万物的创造者，包容恢弘、无形无踪，在天地之前就已经形成，看不见它的形状，也不知道它的名字，称之为神灵。所以说，道是神明的本源，“一”是道变化的开端。因此，德能够滋养五气，心能够与道守一，于是就产生了使精神旺盛的养生之术。

术者，心气之道所由舍者[①]，神乃为之使。九窍十二舍者[②]，气之门户，心之总摄也[③]。生受于天[④]，谓之真人[⑤]。真人者与天为一。内修练而知之，谓之圣人，圣人者，以类知之。故人与一生，出于物化。知类在窍[⑥]，有所疑惑，通于心术，心无其术，必有不通。其通也，五气得养，务在舍神[⑦]，此谓之化。化有五气者，志也、思也、神也、德也，神其一长也。静和者养气，气得其和，四者不衰[⑧]，四边威势，无不为存而舍之，是谓神化。归于身，谓之真人。真人者，同天而合道，执一而养产万类[⑨]，怀天心、施德养[⑩]，无为以包志虑思意，而行威势者也。士者通达之，神盛乃能养志。

【注释】 ①道：引导，后作“导”。 由：经过，通过。 舍：泛指房舍或止宿之处。。

②十二舍：人体中气的十二处止息之所，分别为心、肝、脾、肺、肾等五脏，胃、膀胱、大肠、小肠、胆、三焦（上焦、中焦、下焦）等六腑，膻中。

③摄：统辖。

④生：天性，资质。

⑤真人：道家称修真得道之人。

⑥窍：指上文的九窍。

⑦务：致力。 舍神：使神气有所归宿。

⑧四者：指志、思、神、德。

⑨执：执意，坚持。

⑩天心：天意。

【译文】 所谓术，是心气运行的通道和所居住的地方。术将心气之道从所居住的地方引导出来，于是就产生了神。人体的九窍和十二舍，是五气出入的门户，并且由心来统领。本性禀受于天地自然，称为真人。所谓真人，就是与天地自然合二为一的人。通过内心修炼而体悟得道的，称作圣人。所谓圣人，就是通过类推的方法知晓万事万物的人。所以人出生的时候本性是相同的，之后随着外界环境的不同而产生变化。人通过九窍来感知外界事物的类别，如果产生疑惑，则需要心来思维，如果仍然不能认知，心与九窍之间必定阻塞不通。如果想要使内心通畅，五气须得到滋养，致力于使神气有所归宿，这一过程称之为化育。所谓化育的五气，有志、思、神、德四个方面，其中神居于首位。安静平和便可养气，养气能使五气和顺，这四个方面便不会衰竭，四者旺盛便会威势散发而无所不为，将此存于其归宿，就是所谓的神化。归于一身，便称作“真人”。真人合于天地自然之道而与道合一，执于一而生成养育万物，怀有天道自然之心，善施恩德滋养，顺应自然无为的法则，去包容志虑思意，以此来散发自己的威势。士人如果通晓这一道理，就能精神旺盛从而培养意志。

养志法灵龟[①]

养志者，心气之思不达也[②]。有所欲，志存而思之。志者，欲之使也[③]。欲多则心散[④]，心散则志衰，志衰则思不达。故心气一[⑤]，则欲不惶[⑥]；欲不惶，则志意不衰；志意不衰，则思理达矣。理达则和通[⑦]，和通则乱气不烦于胸中。故内以养志，外以知人。养志则心通矣，知人则职分明矣[⑧]。

【注释】 ①志：心意，志向。　养志：培养心志。　灵龟：古人认为龟有灵性，因而用龟甲判断吉凶，故称灵龟。

②思：思绪，思路。　达：通。

③使：支配，使用。

④散：分散。这里指精神不集中。

⑤一：专一。

⑥惶：心神不安的样子。

⑦和通：和顺通畅。

⑧职：职责。

【译文】 所谓养志，其原因在于五气之一的心气所产生的思路不畅达。人心中有了某种欲望，就会存有志向，而想着去满足这个欲望，因此志向会受到欲望的驱使。欲望多了心气就会分散，心气分散就会使意志衰退，意志衰退思路则会不畅达。所以心气专注，欲望就不会使人心神不宁；欲望不放纵，人的意志就不会衰弱；意志不衰弱，那么人的思维的理路就会畅达。思路畅达，那么心气就会平和顺畅地运行；心气和顺，杂乱之气就不会在胸中形成烦扰。所以说，对内应该培养心志，对外应该了解他人。培养意志，能使人心气畅通，了解他人，就能做到使他们各尽其职。

将欲用之于人[①]，必先知其养气志，知人气盛衰，而养其志气，察其所安，以知其所能。志不养，则心气不固[②]，心气不固，则思虑不达，思虑不达，则志意不实[③]；志意不实，则应对不猛；应对不猛[④]，则志失而心气虚；志失而心气虚，则丧其神矣。神丧则仿佛[⑤]，仿佛则参会不一[⑥]。养志之始，务在安己[⑦]。己安则志意实坚，志意实坚则威势不分[⑧]，神明常固守[⑨]，乃能分之[⑩]。

【注释】 ①将：表假设。如果。

②固：稳固，安定。

③实：坚实，坚强。

④猛：这里指反应迅捷灵敏。

⑤仿佛：这里指精神恍惚。

⑥参（sān）：通“叁”，数词，三。这里指志、心、神三者。 会：聚集，会合。

⑦安：使安定。

⑧分：分散。

⑨神明：这里指人的精神。

⑩分：分配，分给。

【译文】 如果将养志之法用于人的考察，一定要先了解对方在气志方面所涵养的功夫，知晓他心气的盛衰与否，然后以养志之法培养对方的志与气，观察他的志与气所在，以便知道他的才能。心志如果得不到培养，心气就会不稳固；心气如果不稳固，思虑就会不畅达；思虑如果不畅达，志意就会不充实；志意如果不充实，在处理事情的时候应对就不灵敏迅捷；应对如果不敏捷，其后果就会使人心志丧失从而导致心气虚弱；心志丧失和心气虚弱，就会使人失神丧志；一旦失神丧志，人就会精神恍惚；精神恍惚，意志、心气、精神三者就不能融合协调。培养心志的初始，务必使自己安静下来。只有自己安静，志与意才能充实坚定。志与意充实坚定，人的威势就不会分散。如此，人的精神才能常常固守在体内，就能够分配和调动他人威势。

实意法螣蛇[①]

实意者，气之虑也[②]。心欲安静[③]，虑欲深远。心安静则神策生[④]，虑深远则计谋成。神策生则志不可乱，计谋成则功不可间[⑤]。意虑定则心遂安[⑥]，心遂安则所行不错，神自得矣，得则凝[⑦]。识气寄[⑧]，奸邪而倚之，诈谋而惑之，言无由心矣[⑨]。故信心术，守真一而不化，待人意虑之交会，听之候之也[⑩]。

【注释】 ①螣（téng）蛇：传说中一种兴云驾雾而飞的蛇。

②虑：思虑，意念。

③欲：需要，应该。

④策：计谋，谋略。

⑤间：缝隙，这里引申为有隙可乘，指破坏。

⑥遂：称心，如意。

⑦凝：专注，集中。

⑧寄：寄居。

⑨由：从。

⑩候：守望，观察。

【译文】 所谓实意，是指充实心气以提高思虑，即充实提高思维的能力。心神需要安静，思虑应该深远。心神安静，玄妙的计谋就会产生；思虑深远，计谋就会成熟完善。玄妙的计谋一旦产生，心志就不会紊乱；计谋一旦成熟完善，功劳就会势在必得；意志和思虑定了，那么心神就会安定顺遂，心神顺遂安定，行为就不会出差错，精神就会饱满，精神饱满则精力就能集中。心中有所惦记，就不能专心一意。如果心气不一，奸邪之气会乘虚而入，就容易被对方的诈谋而迷惑，这种情况下的言语，往往是没有经过用心思考的。所以说，要相信心术的真诚，守住真一而不随外界变化而变化，待人接物诚心诚意，心意、思虑之间相互融合汇通达到实意的状态，然后就可以听任等待事物的变化了。

计谋者，存亡之枢机。虑不会，则听不审矣[①]，候之不得[②]。计谋失矣，则意无所信[③]，虚而无实。故计谋之虑，务在实意，实意必从心术使。无为而求安静五脏[④]，和通六腑[⑤]，精神魂魄固守不动，乃能内视[⑥]、反听[⑦]、定志。虑之太虚，待神往来。以观天地开辟，知万物所造化[⑧]，见阴阳之终始，原人事之政理[⑨]。不出户而知天下，不窥牖而见天道[⑩]，不见而命，不行而至。是谓道知[⑪]，以通神明，应于无方[⑫]，而神宿矣[⑬]。

【注释】 ①审：清楚，明白。

②候：侦察，探听。

③信：确实。

④五脏：指心、肝、肺、脾、肾。

⑤六腑：指胆、胃、小肠、大肠、三焦和膀胱。

⑥内视：这里指用心体察，亦有内省之意。

⑦反听：这里指用心去听。

⑧造化：创造化育。

⑨原：推究，考察。

⑩牖：窗户。　天道：自然界运动的规律。

⑪道：这里指无为之道。

⑫无方：无极，无限。

⑬宿：住宿，居止。

【译文】　所谓计谋，是生死存亡的关键。思虑如果不进行交流，与事物的实情有偏差，从他处听到的信息也会不得要领，即使暗地等候观察也得不到机会。计谋一旦失败，那么意志就会虚弱，意志虚弱就是没有实意。因此，在思考计谋之初，务必要做到使意志充实，充实意志必定从静心之术开始。以无为之道求五脏安静、六腑合通，精神魂魄固守纯真，然后能够用心自省、用心体察外界、用心使意志安定。让思虑能够进入毫无杂念的空明境界，心神便能自由往来。在这样的状态下，观察天地的开辟，洞察天下万事万物造化的规律，看到阴阳转变交替，推究世间安邦定国、治理国家的道理。足不出户就可以知晓天下大势，不看窗户就可以领悟自然之道。不用等待事情发生就能准确预见并发布命令；不用推行就能成就事业。这就是所谓"道知"状态。懂得了道知，就能与神明相通而无所不能，应对各个方面，神明就止息于此。

分威法伏熊[1]

分威者，神之覆也[2]。故静意固志，神归其舍[3]，则威覆盛矣[4]。威覆盛，则内实坚[5]；内实坚，则莫当[6]；莫当，则能以分人之威，而动其势，如其天。以实取虚，以有取无，若以镒称铢[7]。故动者必随，唱者必和[8]；挠其一指[9]，观其余次[10]；动变见形[11]，无能间者[12]。审于唱和，以间见间，动变明而威可分。将欲动变，必先养志伏意以视间[13]。知其固实者，自养也；让己者[14]，养人也。故神存兵亡[15]，乃为之形势。

【注释】 ①分威：散发威势，这里指奋己之威。 伏熊：熊在袭击前必须先趴下然后突然出击。分威法伏熊，意思是奋己之威前要像伏击的熊一样积蓄威势。

②覆：覆盖。

③舍：志意之宅也。

④覆盛：指充足旺盛。

⑤实坚：充实坚固。

⑥莫当：没有什么能够抵挡。当，抵挡、挡住。

⑦镒：重量单位。二十四两为一镒，一说二十两为一镒。 铢：重量单位。二十四铢为一两。

⑧唱：首倡，倡导。后作“倡”。 和（hè）：随声附和，响应。

⑨挠：弯曲。

⑩次：近，接连。

⑪见：显现，表现。后作“现”。

⑫间：缝隙。这里指没有机会可以逃脱。

⑬伏：隐匿，隐蔽。　视：观察，考察。

⑭让：把好处让给别人，转让。

⑮兵：指军事，战争。

【译文】　所谓散发威势，振奋己方之威，首先需要积蓄威势，神气要存在于其中。所以要使自己意志安静而坚固意志，让神气凝聚于心，这样威势就能强盛到压倒对方。威势能够压倒对方，自己内心就充实坚定；内心充实坚定，就没有什么能够阻挡；无可阻挡，又能分散对方的威势，动摇了对方的气势，就如同上天一样令其畏惧我方。用己方的实来攻取对方的虚，用己方的优势来攻取对方的弱势，就像用镒去称铢一样容易。所以说，一旦有了行动就必定会有人追随，只要发出倡导，就会有人响应。弯曲一根手指，就能知晓邻近手指的动作；因此，只要己方一行动，对方的举动与应变马上就展现出来，没有能够逃得掉的。明白倡导和呼应的道理，通过蛛丝马迹去发现对方的破绽，等待对方举动和应变的形势已经明确后，便可以分散对方的威势了。己方如果有行动应变，一定要先培养意志、隐藏真实意图，等待机会，伺机窥探对方的破绽。懂得使意志坚定而充实的人，是懂得提高自我修养的人；懂得讲求退让，礼让他人，便是以德服膺他人的。所以说，神气存在可以使威势分散，武力也就用不上了，然后才是所要形成的威势。

散势法鸷鸟[①]

散势者，神之使也。用之，必循间而动[②]。威肃内盛[③]，推间而行之[④]，则势散。夫散势者，心虚志溢[⑤]。意衰威失，精神不专，其言外而多变。故观其志意为度数[⑥]，乃以揣说图事[⑦]，尽圆方[⑧]、齐短长[⑨]。无间则不散势，散势者，待间而动，动而势分矣。故善思间者，必内精五气[⑩]，外视虚实，动而不失分散之实。动则随其志意，知其计谋。势者，利害之决[⑪]，权变之威[⑫]。势败者，不以神肃察也[⑬]。

【注释】 ①散：分散，使丧失。 鸷鸟：凶猛的鸟，如鹰、隼之类。

②循：顺着，沿着。 间：间隙，漏洞。

③肃：严肃，庄重。

④推：推断，推求。

⑤溢：满，充满。

⑥度：标准，限度。

⑦图：对付，谋取。

⑧尽：竭尽，穷尽。 圆：圆通，灵活。 方：法度，准则。

⑨齐：全，齐全。 短长：短长术，指战国时期策士之说。

⑩精：精诚，专一。

⑪利害：利益和祸害。 决：决断，决定。

⑫权变：机变，随机应变。

⑬肃：整饬。

【译文】　所谓分散对方的威势，就是己方的精神积蓄后外显的结果。使用分散威势的方法，一定要寻找破绽、伺机而动。整肃自己的威势，直到在内心积蓄旺盛，抓住对方的弱点后果断采取行动，就会使对方威势分散。能分散他人威势的人，胸怀谦虚而意志充盈。如果意志衰减、威势丧失，精神就不能专注，其言辞就会浮泛闪烁而变化不定。所以说，要观察对方的意志作为标准，加以揣摩并采用相应的说辞，再图谋行事，游说时用尽方圆之术，谋划时配合长短之策。对方如果没有破绽可乘，就不要分散他的威势，分散对方威势要等待时机再采取行动，一旦采取行动就必须使其威势分散。所以善于思考、能够判断机会的人，一定对专一于内心的五脏之气，对外则观察对方虚实，采取行动就达到分散对方威势的目的。行动能够随时应对对方的心志与意图，了解对方的计谋。所谓势，是利害关系变化的决定力量，也是运用权变所体现的威慑力量。势力失败的一方，是因为不能运用精神集中去整肃审察的结果。

转圆法猛兽[①]

转圆者，无穷之计。无穷者，必有圣人之心，以原不测之智而通心术[②]。而神道混沌为一[③]，以变论万类，说义无穷[④]。智略计谋，各有形容[⑤]：或圆或方，或阴或阳，或吉或凶，事类不同。故圣人怀此用，转圆而求其合。故与造化者为始[⑥]，动作无不包大道[⑦]，以观神明之域。天地无极[⑧]，人事无穷[⑨]，各以成其类，见其计谋，必知其吉凶成败之所终[10]。转圆者，或转而吉，或转而凶，圣人以道先知存亡[11]，乃知转圆而从方[12]。圆者，所以合语；方者，所以错事[13]。转化者，所以观计谋；接物者，所以观进退之意。皆见其会[14]，乃为要结以接其说也[15]。

【注释】 ①转圆：转动圆形的物体。

②原：推究，考察。

③神道：神奇莫测的自然造化。 混沌：传说中指天地未形成之前的元气状态。

④义：道理。

⑤形容：描摹，描述。

⑥造化：大自然，文中指圣人。

⑦包：包容。

⑧极：极点，尽头。

⑨人事：人世间事，人情事理。

⑩终：结尾，结果。

⑪以：按照，依照。

⑫从：跟随。 方：正直，方正。

⑬错，同“措”，施行。

⑭会：聚集，会合。

⑮要：关键，要领。 结：连结。

【译文】 所谓转圆，是形容让计谋的产生像转动圆形物体一样绵绵不绝。能谋划出无穷无尽计谋的人，必定有圣人一样的心胸，去探究深不可测的智慧，并以深不可测的智慧去精通心术的要领。虽然自然造化神妙莫测并且混沌一体，用变化的观点来讨论天地万物，所阐述的道理是无穷无尽的。智谋方略，各自都有不同的表述形态，或圆或方，或阴或阳，或吉或凶，因事物的不同类别而各不相同。所以说，圣人怀有各种谋略，明白这个道理并加以运用，处理事情时就像转动圆环一样，不断寻求合适的方略，以求得合于事理。因此，谋略之初始就追随圣人为开始，那么任何行为举动无不包含着大道，可以以神明的境界来观察世间万事万物。天地无边无际，人事变化也无穷无尽，万事万物各有其类别。考察对方计谋，就一定知道其结果是吉还是凶，是成还是败。运用转圆的方法，可能会转向吉利的结局，也可能会转向凶险的下场。圣人能通过掌握规律而预先感知存亡的先兆，也就知道趋长避短，及时从转圆为方，脱身出来。圆变化无穷，适用于游说，使言辞与对方相合；方稳定不动，便于用来处置事件。所谓转化，转圆因变化无穷，所以可以用来观察到对方的计谋；所谓待人接物，是顺通人情，所以可以观察实际情况进而观察进退之意。无论是运用圆还是用方，都要看到问题的症结所在，联系总结其关键点，然后抓住关键去进行迎合对方的需要去游说。

损兑法灵著[①]

损兑者，机危之决也[②]。事有适然[③]，物有成败，机危之动，不可不察。故圣人以无为待有德[④]，言察辞合于事。兑者知之也；损者行之也。损之说之，物有不可者，圣人不为之辞。故智者不以言失人之言，故辞不烦而心不虚[⑤]，志不乱而意不邪。当其难易而后为之谋[⑥]，因自然之道以为实⑦。圆者不行，方者不止，是谓大功。益之损之，皆为之辞。用分威散势之权⑧，以见其兑威、其机危，乃为之决。故善损兑者，譬若决水于千仞之堤⑨，转圆石于万仞之谿⑩。而能行此者，形势不得不然也。

【注释】 ①损兑：即损益。损，减少他虑。兑，益也。蓍，草名，可入药。古代用来占卜。损兑法灵蓍意思是斟酌损益要效法灵验的蓍草。

②机：通“几”，事物变化的迹象，征兆。

③适然：偶然。

④德：指有德之士。

⑤烦：繁多，烦琐。

⑥当：面对，向。

⑦因：根据，按照。 实：实际，实践。

⑧权：权谋，权变。

⑨譬：比喻，比如。 若：如同，像。 决：堤岸溃决。 仞：长度单位。八尺或七尺为一仞。

⑩谿：同“溪”，山间的河沟。

【译文】 所谓损兑，是对事情危险征兆的判断。事情发展过程中都会有偶然的情况发生，做事既有成功也有失败。事物危险征兆的出现，不可不加以明察。所以说，圣人以自然无为对待有德之士，考察其言辞，是否合于其所做的事情。“兑”，就是为了考察了解事物，知晓事情的危险征兆；“损”就是排除事情危险的征兆而行动。为对方减少所虑之后去游说，事情仍无法进行，圣人便不再加以辩说。所以，智者不因为自己的言论而去排斥他人的言论，因而言辞不烦琐，心气不虚；意志不散乱，且胸中没有邪念。面对困难和容易的事情，然后为其谋划对策，顺应客观规律去施行。如果对方实施圆的策略不停止，那么己方施行方的谋略也不能停止，这就是大功告成的前提。无论是增益还是减损，都是为了能够自圆其说。用分威、散势的方法加以施行，就能够发挥兑的威力。威势发挥于对方危机之时，危机一旦显现，就要及时做出决断。所以说，善于运用损益之术的人，就好像决开千仞堤坝的洪水，就像滚向万丈深渊的圆石。而能做到如此，是因为其势不可挡。

持　枢

持枢[①]，谓春生、夏长、秋收、冬藏，天之正也[②]。不可干而逆之[③]。逆之者，虽成必败。故人君亦有天枢[④]，生、养、成、藏，亦复不可干而逆之，逆之者，虽盛必衰。此天道、人君之大纲也[⑤]。

【注释】　①持枢：即掌握事物发展变化的关键。持，握住，掌握。枢，门上的转轴。后引申为关键或中心部分。

②正：常也，朱熹曰："物以正为常。"

③干：触犯，冒犯。　逆：反向，倒着。

④天枢：北斗七星之一，这里指治理天下的关键。

⑤大纲：根本纲领。

【译文】　掌握关键，说的是顺从万物在春季滋生、在夏季生长、在秋季收获、在冬季储藏，这是自然界运行的正常规律，不可冒犯它、违背它。凡是违反自然规律的，即使成功最终也会必败。所以说，君主统治天下也有关键之处，关键是顺应自然之道，人世间的出生、养育、长成、储藏，同样是不可以去冒犯违逆的。如果违背这些规律，即使处于一时兴盛，最终也会衰亡。这就是天道，也是君主治国的根本纲领。

中　经

《中经》，谓振穷趋急，施之能言厚德之人[1]。救拘执[2]，穷者不忘恩也[3]。能言者，俦善博惠[4]；施德者，依道[5]。而救拘执者，养使小人[6]。盖士当世异时[7]，或当因免阗坑[8]，或当伐害能言，或当破德为雄，或当抑拘成罪[9]，或当戚戚自善[10]，或当败败自立。故道贵制人[11]，不贵制于人也。制人者握权，制于人者失命。是以见形为容、象体为貌，闻声和音，解仇斗郄[12]，缀去[13]，却语[14]，摄心[15]，守义。《本经》纪事者，纪道数[16]，其变要在《持枢》《中经》[17]。

【注释】　①振：救济。后作“赈”。　施：行。

②拘执：泛指处于困境中的人。拘，拘禁、扣押；执，逮捕、捉拿。

③穷：困厄，处于困境。

④俦：辈，同类。文中比喻多。　博：丰富，多。

⑤依：依照，按照。

⑥小人：地位低下的人，平民百姓。

⑦盖：句首语气词。

⑧阗：填塞，充满。

⑨抑：压制。

⑩戚戚：忧伤的样子。

⑪道：这里指为人处世的方法。

⑫郄：通“郤”，空隙。这里指矛盾。

⑬缀去：联络离去的人。缀，联结；去，离开。

⑭却语：暗中观察他人言语中的纰漏。

⑮摄心：收服人心。

⑯数：权术，方略。

⑰变：变通。 要：关键，要领。

【译文】 《中经》，说的是前去解救陷于困境和处于危难的人。能够做到这一点的必定是能言善辩、德行深厚的人。解救处于困境的人，这些走投无路的人就不会忘记恩德。能言善辩之士，多做善事、普施恩惠。施行恩德的人，其行为必定合乎道义。而解救那些处于困境的人，目的是豢养起来，日后供自己驱使。大凡士人遭遇时代的变迁，有的在兵荒马乱中侥幸免遭一死，有的因能言善辩而受小人戕害，有的放弃仁德、弃文从武而成为一代英雄，有的被压制拘捕成为阶下囚，有的心情忧郁只求自保，有的在接连失败的境遇中而能自立。所以说，立身处世之道贵在控制别人，而不是被别人所控制；控制了别人，就是掌握了主动权；而被别人控制，自己的命运就不能掌握。因此，就有“见形为容”“象体为貌”“闻声和音”“解仇斗郄”“缀去”“却语”“摄心”“守义”等七种常用方法。《本经》只记述了如何使用这些权术的原理、规律，而运用时变通的要领在《持枢》《中经》之中。

见形为容、象体为貌者[①]，谓爻为之生也[②]。可以影响形容象貌而得之也[③]。有守之人[④]，目不视非、耳不听邪，言必《诗》《书》，行不僻淫[⑤]，以道为形，以德为容，貌庄色温[⑥]，不可象貌而得之。如是，隐情塞郄而去之[⑦]。

【注释】 ①形：形状，形体。 容：容貌，仪容。 体：事物的形体，形状。

②爻：《周易》中组成卦的长短符号，“—”是阳爻，用“九”表示，“--”是阴爻，用“六”表示。每三爻合成一卦，一共八卦。又以两卦相重，变成六十四卦，每卦六爻。

③影：倒影。 响：声音。 象：象某物之形状。 貌：相貌，容颜。

④守：操守，节操。

⑤僻：不正，偏离正轨。 淫：惑乱，放纵。

⑥色：面部表情，气色。

⑦情：真情，实情。 郄：同“郤”。这里比喻嫌隙。

【译文】 所谓看见对方的外形，就知道他的真实容貌，是指如同通过《周易》爻卦象来推测事物的征兆。可以通过倒影、声音、体态、容貌等信息来获得对方的内在实情。有道德操守的人，他们不看不该看的东西，也不听不该听的声音，言谈必定以《诗经》《尚书》为根据，行为不放纵不偏离，以道德约束自己的言谈举止，面貌庄重，表情温和，不可能通过相貌和举止就能识别他们的内心。如果遇到这种情况，就得隐瞒自己的实情，弥合语言和行为中的漏洞，离他而去。

闻声和音者，谓声气不同[①]，恩爱不接[②]。故商、角不二合[③]，徵、羽不相配。能为四声主者，其唯宫乎[④]。故音不和则悲，是以声散、伤、丑、害者[⑤]，言必逆于耳也。虽有美行、盛誉，下可比目[⑥]、合翼相须也[⑦]。此乃气不合、音不调者也[⑧]。

【注释】 ①声气：声音气息，声音语气。

②恩：施恩惠，厚待。接：交接。

③商：五音之一。五音，指宫、商、角、徵、羽，亦称“五声”。古人以五音配五行，商配金，角配木，徵配火，羽配水，宫配土。五行中有相克之说，如金克木、水克火，所以商与角、徵与羽不相配。

④宫：宫是五音之主。根据五音配五行原则，宫配土。古人又以五行配五方，西方为金，东方为木，北方为水，南方为火，中央为土。土居中央，统领四方，因此宫为五声之主，能和其他四音。

⑤散：言谈漫无边际无主旨。 伤：言谈有中伤、诋毁之辞。 丑：言谈中有愤怒之辞。 害：言谈有妒忌之辞。

⑥比目：指比目鱼。

⑦合翼：指比翼鸟。 须：需要。

⑧调：音律和谐。

【译文】 所谓闻声和音（听到对方声音，就彼此附和），是指双方声音和气息不合，无法实现恩惠、友爱的关系。就如同在五音中，商与角二音不相和，徵与羽二音也不相配一样。能成为四声之主的，难道只有宫音了吗？所以说，音调不和谐，就会产生令人难受的声音，言谈话语或说话声音中，如果有散、伤、丑、害这四种毛病，那么，其言辞也必定让人难以接受。即使有美好的品行，盛大的声誉，也不能像比目鱼或比翼鸟那样亲密无间，相互配合。这是由于声音、气息不和谐，音律不协调的缘故。

解仇斗郄①，谓解羸微之仇②；斗郄者，斗强也。强郄既斗，称胜者高其功③，盛其势也。弱者哀其负④，伤其卑，污其名⑤，耻其宗⑥。故胜者闻其功势，苟进而不知退；弱者闻哀其负，见其伤，则强大力倍，死而是也。郄无极大，御无强大，则皆可胁而并⑦。

【注释】 ①解：和解。 仇（qiú）：同伴。

②羸：瘦弱，疲困。 微：低贱，卑下。

③称：颂扬，扬名。 高：崇敬，崇尚。

④负：败。与“胜”相对。 卑：衰弱，衰微。

⑤污：侮辱，玷污。

⑥耻：羞辱，侮辱。 宗：祖先。

⑦胁：逼迫，挟持。

【译文】 所谓解仇，说的是团结弱者，使强者互相争斗；斗郄，就是挑起强大者之间的相互争斗。强者争斗中胜利的一方，推高他的功劳，炫耀他的威势。而衰弱的一方则哀叹他的失利，伤心自己的卑下，因为自己的声名被玷污，自己的祖先被羞辱。因此，胜利者会无限夸大自己的功劳和威势，贸然进攻而不知退。弱小者哀叹自己的失败，看到自己的损伤，反而会斗志倍增，拼死抵抗。敌方的势力、威力无比强大，我们的防御也会无比强大，就都可以此挟持来吞并他们。

缀去者[①]，谓缀己之系言[②]，使有余思也。故接贞信者[③]，称其行，厉其志[④]，言为可复[⑤]，会之期喜[⑥]。以他人之庶[⑦]，引验以结往，明款款而去之[⑧]。

【注释】　①缀：联结，连缀。

②系：牵涉，关联。

③接：对待。　贞：坚贞，有操守。　信：信用。

④厉：激励，勉励。后作“励”。

⑤复：返回，还。

⑥会：会面，相见。

⑦庶：差不多，表示希望。

⑧款款：忠实诚恳的样子。

【译文】　所谓缀去，说的是用自己的言辞联络对方感情，使对方离去之后仍心存思念。因此对待忠贞而有信用的人，要赞许他的德行，激励他的志向，对方离开时言辞中希望他们可以回来，表达出再次相会的喜悦心情。引述他人成功的事例，结合以往的经验，来验证自己说过的话，并表明自己离开时的眷恋之情。

却语者，察伺短也[①]。故言多必有数短之处，识其短，验之[②]，动以忌讳，示以时禁[③]。其人恐畏，然后结信[④]，以安其心，收语盖藏而却之[⑤]，无见己之所不能于多方之人[⑥]。

【注释】 ①察伺：观察，仔细看。

②验：检验，考察。

③时：当时，那时。 禁：禁令，法规。

④结：结交。

⑤盖藏：掩盖，隐藏。

⑥见：表现，显现。后作“现”。 多方：知识经验丰富。

【译文】 所谓却语，说的是暗中观察对方的短处。言辞多了必定会暴露其缺陷和破绽，要发现其中的不足并加以验证。用对方的忌讳来触动他，也可以用当时的禁令来威吓他。当他内心恐惧的时候，再以诚信结交他，以安抚他的内心，再收回最初对他说过的话，隐藏起这些证据替他掩饰，并诚恳地告诫他，要注意不要把自己的短处暴露给有见识的人。

摄心者，谓逢好学伎术者[①]，则为之称远。方验之道，惊以奇怪，人系其心于己[②]。效之于人[③]，验去，乱其前[④]，吾归诚于己。遭淫酒色者[⑤]，为之术；音乐动之[⑥]，以为必死，生日少之忧[⑦]。喜以自所不见之事[⑧]，终可以观漫澜之命[9]，使有后会[10]。

【注释】 ①逢：遭遇，遇见。 伎术：技艺，技能；专门知识。

②系：连接，维系。

③效：证明，征验。

④乱：治理。

⑤淫：过分，过度。

⑥动：震动，感动。

⑦生日：活着的日子。

⑧喜：以……为喜。

⑨漫澜：本指水域广阔无边无际的样子。文中指无限。

⑩会：领悟，理解。

【译文】 所谓摄心，说的是遇到好学技艺技能的人，要多多称赞他，并让他声名远扬。自己再用本身的道术技能来验证他的技艺，对他所具有的奇特能力要表示出惊叹，这样就将他的心笼络住了。随后，将他的技艺展示于人前并进行验证，并用先人成功的事例验证他的从前所为，那么他就会心悦诚服地归顺于你。遇到沉湎酒色的人，也可以使用此术，用音乐感动他，让他意识到自己的行为会置其于死地，担忧活着的日子越来越少，然后再用他前所未见的事物让其高兴，最终认为自己可以拥有生命的无限价值，然后使他有所领会。

守义者，谓守以人义，探心在内以合也。探心，深得其主也[1]，从外制内，事有系由而随之[2]。故小人比人[③]，则左道而用之[④]，至能败家夺国[⑤]。非贤智，不能守家以义，不能守国以道。圣人所贵道微妙者，诚以其可以转危为安[⑥]，救亡使存也。

【注释】 ①主：根本，主旨。

②系：留意，挂念。 随：跟从，跟随。

③比：勾结。

④左道：邪道。

⑤至：通“致”。招致，到达。 夺：丧失，耽误。

⑥诚：副词。确实，的确。

【译文】 所谓守义，说的是坚守为人之道，探求内心活动使其符合为人之道。探求别人的内心活动，就要深入探求他的真实意图。可以从外部控制他的内心，使他因为有事挂念于我，而不得不顺从。小人与他人交往，是用旁门左道来迎合对方，以至于导致家国败亡。不是贤明的智者，就不能用义来守护家业，不能用道来治理国家。圣人之所以推崇微妙的道，正是因为道可以让国家转危为安，救亡图存。

三十六计

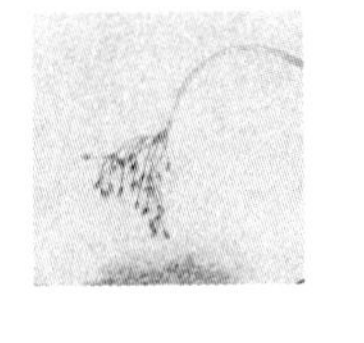

总　说[1]

六六三十六[2]，数[3]中有术[4]，术中有数。阴阳燮理[5]，机在其空[6]。机不可设[7]，设则不中[8]。

【注释】　①总说中，有些版本首句还写有“用兵如孙子，策谋三十六”之语。

②六六三十六：六，指《易经》中的阴数，用阴爻“坤”的符号“☷”（六）作为基数，乘以六，得积数三十六。这里的意思是指相异的战争形态有六大类（套），相近的战争形态有六小类，每一大类领六小类，因此六套计共领三十六计。与“三十六计”的总计数相合。借用太阴六六之数，比喻战争的诡计多端和变化无常。

③数：一作动词，计算、筹划。《信陵君窃符救赵》：“请数公子行日。”二作名词，数量、数目。《赤壁之战》：“众数虽多，甚未足量。”此处数当作动词计算讲，《十一家注孙子·形篇》：“量生数。”曹操曰：“知其远近广狭，知其人数也。”杜牧曰：“数者，机数也，言强弱已定，然后能用机变数也。”王晳曰：“数，所以纪多少。言既知敌之大小，则更计其精劣多少之数。”何氏曰：“数，机变也，先酌量彼我强弱利害，然后为机数。”数，还有规律、法则的意思，亦可引申为客观规律。《荀子·天论》：“天有常道矣，地有常数矣。”《后汉书·张衡传》：“数术穷

天地。”

④术：方法、手段、计谋、策略。《吕氏春秋·先己》：“当今之世，巧谋并行，诈术递用。”《战国策·魏策》：“臣有百胜之术。”《教战守策》：“授以击刺之术。”

⑤阴阳燮理：阴阳，相对立的事。燮，协和、调和。理，治理。阴阳燮理，又作燮理阴阳，见《尚书·周官》：“论道经邦，燮理阴阳。”大意是大臣辅佐天子之治理国事，要善于调和阴阳，运用相反相成的道理。

⑥空：有些版本作“中”。　机：计策、计谋，引申作机变（随机应变）、机谋（重要的谋略）。《尉缭子·十二陵》：“机在于应事。”《六韬·兵道》：“兵胜之术，密查敌人之机。”

⑦设：设想、筹划。

⑧中：合适、适当，引申为成功。

【译文】　六乘以六等于三十六，计算（客观规律）中蕴藏着谋略，而谋略的运用则依据于计算（客观规律）。如果掌握了阴阳调和、相反相成的原理——阴阳燮理，那么，对敌所施用的计谋也就由此而产生了。临机应变的计谋，不可以凭空筹划，凭空筹划就必然会遭到失败。

【按】

解语重数不重理。盖理，术语自明；而数，则在言外。若徒知术之为术，而不知术中有数，则术多不应。且诡谋权术[①]，原在事理之中，人情之内。倘事出不经[②]，则诡异立见[③]，诧世惑俗，而机谋泄矣。或曰：三十六计中，每六计成为一套，第一套为胜战计④；第二套为敌战计⑤；第三套为攻战计⑥；第四套为混战计⑦；第五套为并战计⑧；第六套为败战计⑨。

【注释】 ①诡谋权术：诡谋，诡计，难以识破的谋略；权术，权谋、手段。《左氏兵谋·卷上·诡》：“何谓诡？知人之诡，我以诡人，皆是也。”《三国志·魏志·武帝纪》：“太祖少机警，有权数。”

②不经：不合常理，没有根据。《史记·孟子荀卿列传》：“其语闳大不经。”

③见：通“现”，发现。

④胜战：即强战，具有充分胜利条件的作战。

⑤敌战：即抗战，对抗作战。

⑥攻战：即谋战，谋攻敌人的作战。

⑦混战：即乱战，混乱局势下的作战。

⑧并战：即兼并作战。

⑨败战：即弱战，以小敌大、以弱对强的作战。

【译文】 解语部分重在阐发规律，而不在阐释义理。因为，义理之类术语不言自明，而规律这种东西却义在言外。假如只知道谋略有用，却不知谋略应合乎规律和必然性，那么，所设的计谋多数是不能成功的。况且，机密的谋略和随机应变的手段，本来就应合乎客观事理和人情的。倘若谋略的运用不合乎常理，那么其诡异之处立刻就会被人发现，引起世人的惊讶和怀疑，这样一来计谋也就泄露了。有的人说：三十六计中，每六条计合成一套计谋。第一套是胜战计；第二套计谋是敌战计，第三套是攻战计；第四套是混战计；第五套是并战计；第六套是败战计。

第一套　胜战计

第一计　瞒天过海[1]

备周则意怠[2]；常见则不疑。阴在阳之内，不在阳之对[3]。太阳，太阴[4]。

【注释】　①瞒天过海：依靠伪装掩护，完成特定任务。原意是瞒着皇帝，平稳地渡过大海。出自《永乐大典·薛仁贵征辽事略》。军事上，主要指利用假象，隐藏真实意图的疑兵办法。主要用于战争伪装，以隐蔽兵力的集结，达到出其不意、攻其不备的战争目的。

②备周则意怠：备，防备。周，周密、周到。意，意志。思想。怠，懈怠、松懈。

③阴：机密、隐蔽。　阳：公开、暴露。　对：对立、相反。阴和阳是相互对立的，古人作战非常重视保守军事机密。此句大意是机密隐藏在公开的行动中，而不在公开行动的对立面。

④太：非常、特别。太阴、太阳，原是《灵棋经》远袭卦名，意思是阴阳易理用于军事，把攻守、明暗等形式巧妙的配合运用。

【译文】　自以为防备周密的，就容易产生意志松懈、麻痹轻敌的思想；常见的事情因为看惯了，就不会产生怀疑。机密的计谋往往隐藏在公开的行动中，而不是与公开的行动相互对立。非常公开的行动中往往隐藏着非常隐蔽的计谋。

【按】

阴谋[①]作为，不能于背时秘处行之[②]。夜半行窃、僻巷杀人，愚蠢之行，非谋士之所为也。昔孔融[③]被围，太史慈[④]将突围求救，乃带鞭弯弓，将两骑自从，各作一的[⑤]持之。开门出，围内外观者并骇，慈竟引马至城下堑[⑥]内，植[⑦]所持的射之，射毕，还。明日复然，围下人，或起或卧。如是者再，乃无复起者。慈遂严行蓐食[⑧]，鞭马直突其围，比敌觉，则驰去数里矣。

【注释】 ①阴谋：秘计、计谋，亦可指用兵的谋略。《国语·越语下》："阴谋逆德，好用凶器。"韦昭注："阴谋，兵谋也。"

②背时：背地里。 秘处：隐秘的地方。

③孔融：字文举，东汉末年鲁国（今山东曲阜）人，善诗文，"建安七子"之一。幼时聪颖，知礼让，为乡里所器重。曾任北海相，黄巾起义时，黄巾军首领管亥率军围城借粮，孔融与战不胜，后经太史慈突围，请来刘备解围。

④太史慈：字子义，东汉末年东莱黄县（今山东龙口）人，东汉名将，少鲠直好学，后因祸而避乱辽东，孔融闻其大名，经常接济其母。北海被围时，适逢太史慈回乡省亲，奉母命奋勇突破重围，外出求援，

帮北海解围。

⑤的：箭靶。《韩非子·外储说》：“设五寸之的。”

⑥堑：堑壕、城壕，指护城壕沟。

⑦植：树立。《周礼·田仆》：“令获者植旌。”

⑧严行：急行，指严急办理，周密准备。 蓐食：早晨未起身，在床席上进餐。《左传·文公七年》：“训卒利兵，秣马蓐食，潜师夜起。”

【译文】 秘密的谋略和行动，不能在背地里和无人知晓的隐秘处进行。半夜里偷东西、僻静的小巷子里面杀人，这些都是愚蠢俗人的行为，不是真正的谋士所应该做的事情。古时候，孔融在北海被黄巾军包围，太史慈准备突破封锁去搬救兵。他骑上马，拿着马鞭和弓箭，带领两名骑兵作随从，并让每个骑兵手里各自拿着一个箭靶。打开城门出去，城内的守军和城外的敌人看见后都非常惊讶。却只见太史慈牵着马走到城下的堑壕里，让兵士各自竖立好自己带的箭靶，练习射箭。射箭完毕后，便回到城中。第二天又照样如此，那些围城的士兵有的起来观看，有的则躺着不动。如此这般情形，每天都一样，过了好多天后，便再也没有围城的士兵站起来观看了。太史慈于是便准备停当，早早地吃过饱饭，策马扬鞭径直突出敌人的包围，等到敌人发觉时，他已经驱马奔驰数里远了。

第二计　围魏救赵①

共敌②不如分敌③，敌阳不如敌阴④。

【注释】 ①战国时，魏惠王派大将庞涓进攻赵国，魏军包围了赵国都城邯郸（今河北邯郸）。赵国遂求救于齐国，齐威王派大将田忌率军救赵。军师孙膑建议趁魏国都城兵力空虚之际，引兵直接攻打魏国都城大梁（今河南开封）。魏军必然回救，齐军可以乘其疲惫，于中途大败魏军，便可以解赵国之围。魏将庞涓听说齐军进攻大梁后，果然中计，慌忙从赵国退兵回援大梁，走到桂陵（今山东菏泽北）时，被以逸待劳的齐军伏击，几乎全军覆没。事出自《史记·孙子吴起列传》。

②共敌：兵力集中的敌人。

③分敌：兵力分散的敌人。兵法中多指用计调遣集中的敌人，使其兵力分散便于歼灭。

④敌：攻击。　阳：战争中公开、正面、先发制人的策略。　阴：战争中隐蔽、侧面、后发制人的策略。敌阳、敌阴，古代兵书中，多将采取先发制人的战略视为阳，采取后发制人的策略视为阴。《十一家注孙子·计篇》孟氏注曰："用阴则沉虚故静，用阳则轻捷猛厉；后则用阴，先则用阳；阴无蔽也，阳无察也。"

【译文】　攻打兵力集中的强敌，不如用计谋将其调动分散以后再攻打；从正面先发制人攻打敌人，不如从侧面后发制人攻打敌人。

【按】

治兵如治水：锐者避其锋，如导流；弱者塞其虚，故筑堰[①]。如当齐救赵时，孙子谓田忌曰："夫解杂乱纠纷者不控拳；救斗者不搏撠。批亢捣虚，形格势禁，则自为解耳。"[②]

【注释】　①堰：指挡水的堤坝。出自《孙子兵法·虚实篇》："夫兵形象水，水之形，避高而趋下；兵之形，避实而击虚，水因地而制流，兵因敌而制胜，故兵无常势，水无常形，能因敌变化而取胜者，谓之神。”

②本句出自《史记·孙子吴起列传》。控拳：原文作“控卷”，卷即拳也。 撠：通“击”。 批亢捣虚：批，用手击；亢，咽喉，比喻要害；捣，攻击；虚，空虚。比喻抓住敌人的要害乘虚而入。

【译文】 带兵打仗就好像治水一样：对于来势凶猛的敌人，要先避开它的锋芒，等敌人分散之后再打，就像疏导引流的治水方法一样；对于实力弱小的敌人，要抓住它的弱点攻击其要害，就像筑堤堵流的方法一样。所以当年齐国救援赵国的时候，孙膑对田忌说：“解开乱丝的人，不能紧握双拳生拉硬扯；解救斗殴的人，不能卷进去胡乱搏击。要扼住争斗者的要害，争斗者因形势限制，就不得不自行解开。”

第三计　借刀杀人[①]

敌已明，友未定，引友杀敌，不自出力，以《损》推演[②]。

【注释】 ①借刀杀人：比喻自己不出面，利用别人的手去达到目的。军事策略上，指为了保存自己的实力，借助他人的力量去击破敌人的策略。

②以《损》推演：根据《损》的逻辑去推理。《损》，见《易·损》：“彖曰：损下益上，其道上行。”《周易姚氏学·损》注曰：“艮为山，兑为泽，互体坤，坤为地，山在地上，泽在地下，泽以自损，增山

之高也。犹诸侯损其国之富，以贡献天子，故谓之损矣。”此处的“损”当解释为友军因攻击敌人虽可能受到些损失，但于我有利。

【译文】　敌人的情况已经明了，友军的态度还在摇摆不定，就要引导友军去攻打敌人，不需要消耗自己的力量，这是根据《周易》中《损》卦的逻辑推演出来的。

【按】

敌象已露，而另一势力更张，将有所为，便应借此力以毁敌人。如子贡[①]之存鲁[②]、乱齐[③]、破吴[④]、强晋[⑤]。

【注释】　①子贡：孔子的弟子，姓端木，名赐，字子贡，春秋卫国人。善于经商，有口才，列于孔门四科中的言语科，料事多中。当齐国大举进攻鲁国时，孔子派子贡去各国游说，以营救鲁国。子贡先说服了齐国的主帅，变攻鲁为伐吴。然后赶到吴国，说服吴王出兵救鲁而攻齐。吴齐开战后，子贡赶到晋国，劝说晋定公备战防吴。后来晋吴交战，晋国击破了吴国。见《史记·仲尼弟子列传》：“故子贡一出，存鲁、乱齐、破吴、强晋而霸越。子贡一使，使势相破，十年之中，五国各有变。”

②鲁：周代诸侯国，位于今山东省南部，都城曲阜。

③齐：周代诸侯国，位于今山东省北部，都城临淄。

④吴：周代诸侯国，含今江苏省大部和安徽、浙江一部分，都城吴（今江苏苏州）。

⑤晋：周代诸侯国，在今山西、河北南部和陕西中部等地，公元前

403 年分为韩、赵、魏三国。

【译文】 敌人的本象已经完全暴露出来，而另外的一股势力正在不断地扩张发展，将会有所作为。这时应该借用这股力量去摧毁敌人。比如：春秋时期，齐国准备进攻鲁国，孔子的弟子子贡去游说诸侯国，最后保卫了鲁国，扰乱了齐国，破坏了吴国，增强了晋国。

第四计　以逸待劳[①]

困敌之势[②]，不以战；损益刚柔[③]。

【注释】 ①以逸待劳：指在战争中做好充分准备，采取守势，养精蓄锐，等疲乏的敌人来犯时给以迎头痛击。语出《孙子兵法·军事篇》："以近待远，以逸待劳，以饱待饥，此治力者也。"

②势：情势、趋势，指军事力量的体现。

③损益刚柔：语出《易·损》："象曰：损刚益柔有时。"《六十四卦经解·损》："损刚益柔有时者：损于昼而日渐短；益于夜而宵渐长，此以一日言也。总释之曰：损益盈虚，与时皆行。"这里讲的是损、益相互联系、相互转化的道理。用于军事上，意思是说：进攻者攻势虽然猛烈，表面上强大，但实际上并不能持久，容易疲惫，隐藏着衰弱和失败的因素；防守者防守挨打，表面上看虽然处于弱势，但是却可以通过不断消耗疲惫敌人的优势而改变自己的劣势，其实是隐藏着强大和胜利的因素。

【译文】 要使敌人处于困境之中，不一定要使用进攻的办法，可以根据《周易》中损益相互转化的道理，采取消耗敌人使敌疲惫的办法，让其由强变弱，而我方自然就由劣势转为优势。

【按】

此即致敌[①]之法也。兵书云："凡先处战地而待敌佚，后处战地而趋战者劳。故善战者，致人而不致于人。"[②]兵书论敌，此为论势。则其旨非择地以待敌，而在以简驭繁，以不变应变[③]，以小变应大变，以不动应动，以小动应大动，以枢应环也[④]。

【注释】 ①致敌：原意为制服敌人，此处引申为调动敌人，指用计迷惑敌人，使其不自觉地受我方调动。《左氏兵谋·卷上·致》："何谓敌？我欲战，敌不欲战而致其师是也。"

②兵书：即《孙子兵法》，语出《孙子兵法·虚实篇》："凡先处战地而待敌者佚，后处战地而趋战者劳。故善战者，致人而不致于人。"致人而不致于人，指能调动敌人而不被敌人所调动。

③以不变应变：古代兵家作战，强调根据敌情变化而随机应变。《淮南子·兵略训》："故先我动，则是见其形也；彼躁我静，则是罢其力也，形见则胜可制也；力罢则威可立也。"《尉缭子·攻权》："兵以静胜。"

④以枢应环：枢，门轴，引申为重要的部分，指中心、关键或枢纽。环，原指圆形之物，引申为周围、四周。枢立环中，可以周转贯通，超脱是非，故能灵活应付是非。军事上指善于扭转局势和寻找战机，打赢关键战役。语出《庄子·齐物论》："彼是莫得其偶，谓之道枢。枢始得其环中，以应无穷。"

【译文】 这便是调动敌人的方法。《孙子兵法》上讲："凡是先到达战场而等待敌人的，就会显得从容不迫，后进入战场而仓促应战的，就会陷入疲惫不堪的被动局面。故而，善于带兵作战的人，能够调动歼灭敌人而不被敌人所调动。"兵书中讨论的是战争中劳逸情况，这里讲的主要是掌握战争主动权的艺术。它的目的不在于选择地形，等待时机破敌，而在于如何以简易的方法驾驭纷繁复杂的局面，以不变应万变，以小变应大变；以静止应对运动，以小动应对大动，以掌握关键环节，用中心枢纽控制主动权，以支配四周局势的发展。

第五计　趁火打劫[①]

敌之害大，就势取利。刚决柔也[②]。

【注释】 ①趁火打劫：原意是趁别人家着火而自顾不暇的机会去抢劫。比喻乘人之危获取利益。军事上，指在敌人遇到麻烦或困境时，就要趁机出兵攻击，打败敌人。

②刚决柔也：《易·夬》："夬，决也。刚决柔也。"这里的意思是强者出兵干涉，以武力调解，弱者只能听从。

【译文】 敌人遇到很大的危机和困境，就应该趁机对敌人用兵而夺取战争的胜利。这就是用强大的优势，趁机击败处于困境之中敌人的策略。

【按】

敌害在内[①]，则劫其地；敌害在外[②]，则劫其民；内外交害[3]，则劫其国。如越王乘吴国内蟹稻不遗种[4]，而谋攻之，后卒乘吴北会诸侯于黄池[5]之际，国内空虚，因而梼[6]之，大获全胜。

【注释】 ①内：国内的暴乱。《左氏兵谋·卷上·内》："何谓内？在外曰奸，在内曰宄。"

②外：外敌入侵。《左传·成公十七年》："敌在外，为奸；在内，为轨。"

③内外交害：内忧与外患，国内的暴乱，同时还有外敌的入侵。

④蟹稻不遗种：语出《国语·越语下》："今吴稻蟹不遗种。"指螃蟹和稻谷连种子都没有留下，说明发生了灾害，处于困境之中。

⑤吴北会诸侯于黄池：黄池，地名，今河南封丘南。指公元前482年，吴王夫差想要称霸中原，率吴国精兵北上黄池与晋定公、鲁哀侯等中原诸侯会盟于黄池。国内只留下老弱病残之兵和太子留守。越王勾践乘机发兵攻吴，并最终灭亡吴国。

⑥梼（táo）：一作"捣"，指攻击的意思。

【译文】 敌人有内忧在国内，就应当乘机去占领它的领土；敌人有外患在国外，就应当乘机去掳掠它的民众；敌人如果内忧危机，外有强敌之患，处于内外交害的境地，这样的话，就应该乘机占领它的国家。例如越王勾践乘吴国国内发生灾害，螃蟹和稻谷连种子都没有留下的困境时，而策划进攻吴国。后来终于等到吴王夫差带兵北上中原与诸侯进行黄池之会，吴国国内空虚的时候，乘机发兵大举进攻吴国，最终大获全胜，并灭掉了吴国。

第六计　声东击西[①]

敌志乱萃[②]，不虞[③]，坤下兑上[④]之象。利其不自主[⑤]而取[⑥]之。

【注释】　①声东击西：假装造成要攻打东边的声势，实际上却攻打西边，使对方产生错觉以出奇制胜的一种战术。语出杜佑《通典》："声言击东，其实击西。"

②乱萃：萃，草，野草丛生的样子。此处指乱成一团的野草。《易·萃》："象曰：乃乱乃萃，其志乱也。"《六十四卦经解·萃》："萃，草貌。物之聚者，莫甚于草，假至也。"

③不虞：虞，预料。指不加戒备、意想不到的意思。《诗·大雅·抑》："用戒不虞。"

④坤下兑上：语出《易·萃》，八卦中，坤为地，兑为泽。《六十四卦经解·萃》："泽水止，故曰聚。泽上有地临。聚水者，地也。泽上于地，则聚水者堤防耳。故有溃决之虞。"意思是说：聚集在一起的，是一潭高出地面的死水，迟早非溃决不可。比喻乌合之敌，没有远大的目标和正确的指挥，注定是失败的命运。

⑤主：主见、主导，指领导、指挥。《管子·权修》："万乘之国，兵不可以无主。"注："无所主，则无所统一也。"又《管子·兵法》："兵无主，则不蚤知敌。"注曰："兵无主，则人怀苟且，故不能知敌。"不自主，不能自主地把握自己的方向和目标。

⑥取：一本作“攻”。

【译文】 战争中，敌人若神志慌乱，不能准确地判断和应付突发的事情或复杂的局面，这就像《周易·萃》中所说的混乱情况：潭水高出地面，随时有溃决的危险征兆。这种情况下，我方应当利用敌人不能自主把握其目标和方向的时机，对其发动进攻并攻取它。

【按】

西汉，七国反[①]，周亚夫[②]坚壁不战[③]。吴兵奔壁之东南陬[④]，亚夫使备西北；已而，吴王精兵，果攻西北，遂不得入。此敌志不乱，能自主也。汉末，朱隽[⑤]围黄巾于宛[⑥]。起土山以临城内，鸣鼓攻其西南，黄巾悉众附之；隽自将精兵五千，掩[⑦]东北，遂乘城虚而入。此敌志乱萃，不虞也。然则声东击西之策，须视敌志乱否为定。乱则胜，不乱将自取败亡。险策也！

【注释】 ①七国反：指西汉景帝时，因削藩而引起吴、楚、赵、胶西、胶东、菑川、济南等七国联合叛乱。

②周亚夫：西汉名将周勃之子，沛（今江苏沛县）人。景帝三年（公元前154年），吴楚七国之乱时，周亚夫奉命讨伐叛军，用兵果敢，平定叛乱。

③坚壁不战：壁，军营、营寨。固守营寨，等待敌人力量衰竭之后，再举行反击。

④陬（zōu）：角落。

⑤朱隽：即朱儁，东汉会稽郡上虞（今浙江上虞）人。东汉末年黄巾起义时，朱儁与皇甫嵩奉命前往颍川、汝南、陈国等地镇压黄巾军，围攻黄巾军于宛城，运用“声东击西”的计策，击败黄巾军。

⑥宛：宛城，今河南南阳市。

⑦掩：掩击，突然袭击。

【译文】 西汉景帝时，吴、楚等七国联合发动叛乱。汉将周亚夫坚守营垒，不与敌人对战。叛军吴国士兵奔向营寨的东南角时，周亚夫命令军队在西北方向加强防守，果然过了一会儿，吴王精兵来攻打西北角，因为汉军已经有所防备而不得攻入，周亚夫识破了敌人声东击西的阴谋。这是指挥者头脑清醒，坚定不乱，能正确决策，不被敌人的假象所迷惑。东汉末年，朱儁包围了宛城的黄巾军。在城外修筑了一座小土山，以方便观察城内敌军的情况，他命令兵士击战鼓，假装攻击敌人守城的西南方向，黄巾军便中计全部赶向西南迎战；朱儁自己却亲自率领精兵五千人，突然攻击守城东北方向，趁敌人东北防备空虚之际，攻入城内。这是敌人指挥混乱，不能应付突发情况的缘故。从以上的两个战例来看，运用声东击西的计策，必须观察敌方指挥者的意志是否坚定正确为前提。如果敌方指挥混乱，运用此计就会获得成功，如果敌人神志不乱，不被我方计策所迷惑，运用此计就会自取败亡。这是一条冒险的计策！

第二套 敌战计

第七计 无中生有[1]

诳[2]也，非诳也，实其所诳也。少阴、太阴、太阳[3]。

【注释】 ①无中生有：本意是毫无事实，凭空捏造。军事上指虚虚实实、真真假假、由虚变实的诳敌战术。《尉缭子·战权》："战权在乎道之所极，有者无之，无者有之。"

②诳：欺诈、诓骗、迷惑。

③少阴、太阴、太阳：原为《易经》中的兑卦（少阴）、巽卦（太阴）、震卦（太阳）。这里少阴指稍微小隐蔽的军事行动，太阴指大隐蔽的军事行动，太阳指大的、公开的军事行动。由少阴渐变为太阴，太阴至极而变为太阳。军事上的虚假变为真实，即是无中生有。

【译文】 用假象来欺骗敌人，但并不是完全的弄虚作假，实际上，虚假的情况中亦有真实的行动。在小的隐蔽行动中隐藏着更大的隐蔽行动，而大的秘密行动中又隐藏在大的公开的行动之中。这也是《易经》中所说的少阴、太阴、太阳相互转化的道理。

【按】

无而示有，诳也。诳不可久而易觉，故无不可以终无。无中生有，则由诳而真、由虚而实矣。无不可以败敌，生有则败敌矣。如令狐潮[1]围雍丘[2]，张巡[3]缚藁[4]为人千余，披黑衣，夜缒[5]城下，潮兵争射之，得箭数十万。其后复夜缒人，潮兵笑，不设备，乃以死士五百斫[6]潮营，焚垒幕[7]，追奔十余里。

【注释】　①令狐潮：唐玄宗时任雍丘县令，安禄山、史思明叛乱，投降叛军，成为安禄山的部将。后率军攻打雍丘，被张巡打败。

②雍丘：今河南杞县。

③张巡：唐代名将，南阳人，安史之乱时，任真源（今河南鹿邑县东十里）县令，他率军坚守雍丘，抵抗安禄山叛军，打败了令狐潮的军队。肃宗至德二年（757年），移守睢阳（今河南商丘南），坚守数月，后因粮尽兵绝而失败，被叛军杀害。张巡以不及万人之众，顽强坚守孤城，先后歼敌达10余万人，阻止了叛军南进江淮，保障了唐朝的钱粮来源，在平定安史之乱中起了重要作用。

④藁：用草扎成的草人。

⑤缒：用绳子拴住人或物，从上往下放，是古代防守时的一种出城方法。

⑥斫：砍、削。

⑦垒幕：军营的营帐。

【译文】　空无一物而装作有东西的样子，是欺骗。欺骗行为是不能长久的，很容易被敌人所发觉。因此，空无不能始终是空无的。使空无转变成实有，就会由假变真、由虚变实。只有空无是不能够打败敌人的，如果无变成有，就能够打败敌人了。如唐代令狐潮包围雍丘时，城里的守将张巡命令兵士扎成人形的草人一千多个，给他们披上黑色的衣服，用绳子拴住，趁黑夜把草人缒下城去。令狐潮的士兵看到后，以为有人想要出城，便争先恐后地向草人射箭，张巡因此得到了数十万支箭。后来，张巡夜里再次把草人缒下城去，令狐潮的士兵以为又是放草人来骗箭的，只是嘲笑张巡，而不加任何防备。于是，张巡挑选敢死之士五百人，连夜缒下城去，杀向令狐潮的军营，烧毁营帐，一直把令狐潮的军队追杀十多里远。

第八计　暗度陈仓[①]

示之以动，利其静而有主，益动而巽[②]。

【注释】　①暗度陈仓：出自《史记·淮阴侯列传》，楚汉相争时，刘邦进军汉中，为防止章邯偷袭和麻痹项羽，烧毁了进出汉中的栈道。后刘邦出汉中，图谋天下，故意派人假装修复栈道，章邯本以为栈道一时难以修好，因此并不怎么戒备。暗地里，却派军队从故道向陈仓进军，突然出现在章邯军后方，击败了章邯，平定了三秦。此计在军事上，指在双方对峙的时候，故意树立假的目标，吸引敌人的注意，暗地里却进行另一个进攻计划，迂回进攻，出奇制胜。

②益动而巽：语出《易·益》："象曰：益动而巽，日进无疆。"《诚斋易传·益》："巽以动者，动必进。故曰：益动而巽。"益，损的反面，增益的意思；巽，是动、进的意思。用于军事上，表面上是正面进攻，

暗地里却主动进行迂回进攻，必能够增加益处。

【译文】 向敌人暴露我方的行动，利用敌人决定固守的时机，暗地里却迂回到敌人的后方进行偷袭，乘虚而进，出奇制胜。

【按】

奇出于正[①]，无正则不能出奇。不明修栈道[②]，则不能暗度陈仓。昔邓艾[③]屯白水之北，姜维[④]遣廖化[⑤]屯白水之南而结营焉。艾谓诸将曰："维今卒还，吾军少，法当来渡而不作桥；此维使化持吾，令不得还，必自东袭洮城[⑥]矣。"艾即夜遣军，经到洮城。维果来渡。而艾先至，据城，得以不破，此则姜维不善用"暗度陈仓"之计；而艾察知其"声东击西"之谋也。

【注释】 ①奇出于正：奇、正是古代用兵的基本方法。正，是常规作战；奇，是暗中作战，有暗取、偷袭之意。《孙子兵法·势篇》："凡战者，以正合，以奇胜。"

②栈道：悬崖峭壁间用木头架成的山路。又名"阁道""复道""栈阁"。我国古代在今川、陕、甘、滇诸省境内峭岩陡壁上凿孔架桥连阁而成的一种道路，是当时西南地区的重要交通要道。

③邓艾：三国义阳棘阳（今河南新野东北）人，字士载。初为司马懿掾属，建议屯田两淮，广开漕渠，著有《济河论》。后为魏镇西将军，与蜀将姜维相拒。249 年，与郭淮共同抵抗姜维。姜维撤兵后，邓艾以为蜀兵定会卷土重来，建议分兵防守以备不虞。后来在洮城打败了姜维。

事见《三国志·魏志·邓艾传》。景元四年（263年），同钟会分军伐蜀，他率奇兵出阴平小道，攻灭蜀国。后钟会诬他谋反，被杀。

④姜维：三国天水冀县（今甘肃甘谷东）人，字伯约。本为魏将，后归蜀，得到诸葛亮的信重，任为征西将军。亮死，继领其军。后任大将军，屡攻魏无功。魏军攻蜀，他坚守剑阁，刘禅出降，始被迫降于魏将钟会。咸熙元年（264年），钟会谋叛魏，他伪与联结，拟乘机恢复蜀汉，事败被杀。事见《三国志·蜀志·姜维传》。

⑤廖化：三国襄阳（治今湖北襄阳）人，字符俭。先曾参加黄巾军起义，后归降关羽，初为关羽主簿，羽败属吴，后仍逃归蜀汉，官至右车骑将军。姜维北伐中原时，因蜀国大将大都已经死亡，被任命为先锋。蜀亡后，被徙洛阳，途中病死。

⑥洮城：即洮阳城，在今甘肃岷县西百里。一说即今甘肃临潭县。

【译文】 出奇制胜的兵法来源于常规的正常用兵法则，如果没有正常的用兵法则，就不会有出奇制胜的实现。不公开修筑栈道，就不能够暗度陈仓。古时候，邓艾率军驻扎在白水的北面，姜维派廖化在白水的南面安营扎寨。邓艾对手下诸位将领说："姜维的部队突然又回来了，我们的兵力不足，按照正常的兵法原则，他应不会等架好桥梁就渡河攻击我们。现在他派廖化驻扎在对面牵制我们，是想要截断我们的退路，使我们不得撤退。他自己一定亲率大军从东面去偷袭洮城去了。"邓艾即刻下令连夜悄悄回到洮城，姜维果然来渡河攻打。但邓艾的大军已经先进城防守，因此没有被姜维攻下。这是姜维不善于运用"暗度陈仓"的计谋，而邓艾却善于识破姜维"声东击西"计谋的战例。

第九计　隔岸观火[①]

阳乖序乱[②]，阴以待逆[③]。暴戾恣睢[④]，其势自毙。顺以动豫，豫顺以动[⑤]。

【注释】　①隔岸观火：本意是站在对岸观看着火，比喻置身事外，采取袖手旁观的态度。军事上，指以静观变，在敌人内部自相残杀时，采取"坐山观虎斗"的策略，等待时机，从中取利。《孙子兵法·军争篇》："以治待乱，以静待哗。"

②阳乖序乱：阳，公开；乖，分崩离析、众叛亲离。

③阴以待逆：阴，隐蔽；逆，混乱、暴乱。

④暴戾恣睢：暴戾，残酷暴虐；恣睢，怒目相视。这里是穷凶极恶、残酷暴虐之意。

⑤顺以动豫，豫顺以动：语出《易·豫》："彖曰：豫，刚应而志行。顺以动豫，豫顺以动。故天地为之。"《周易集解·豫》："郑元曰：坤，顺也；震，动也。顺其性而动者，莫不得，得其所，故谓之豫。"豫，即愉悦。豫卦坤下震上。顺以动，坤在下，是顺。震在上，是动。此处意思是以欣喜的心情，静观敌方发生有利于我方的变动，以便顺势而取利。

【译文】　敌人众叛亲离、秩序混乱时，我方便可以静观以等待它发生变乱。到那时，敌人穷凶极恶、反目成仇，势必会自相残杀，自己走向灭亡。这时，我方应该以欣喜的心情，根据敌情特点，相机而动，以获取利于我方的结果。

【按】

乖气[①]浮张，逼则受击，退而远之，则乱自起。昔袁尚、袁熙[②]奔辽东，尚有数千骑。初，辽东太守公孙康[③]，恃远不服。及曹操破乌丸[④]，或说操遂征之，尚兄弟可擒也。操曰："吾方使康斩送尚、熙首来，不烦兵矣。"九月，操引兵自柳城[⑤]还，康即斩尚、熙，传其首。诸将问其故，操曰："彼素畏尚等，吾急之，则并力；缓之，则相图。其势然也。"或曰：此兵书火攻之道也。按：兵书《火攻篇》[⑥]，前段言火攻之法；后段言慎动之理，与隔岸观火之意，亦相吻合。

【注释】 ①乖气：乖，不和谐。原意是指邪恶之气，不祥之气。此处指敌人分崩离析的情势、氛围。

②袁尚、袁熙：三国时袁绍的儿子。袁绍死后，他的长子袁谭在南皮被曹操攻杀；次子袁熙，少子袁尚反抗曹军失败后，逃奔辽西乌丸。乌丸被曹操打败后，又逃奔辽东的公孙康。事见《三国志·魏志·袁绍传》。

③公孙康：三国时辽东太守公孙度之子，因斩杀袁氏兄弟有功，被曹操封为左将军。

④乌丸：即乌桓，东胡别种。秦末，东胡为匈奴所破，部分退保乌桓山，因而得名。以游牧、渔猎为生。汉初归附匈奴。武帝后又降汉，

居于上谷、渔阳、右北平、辽西、辽东等五塞外。汉、魏为置护乌桓校尉。因受汉人生产技术影响，遂业耕种。东汉末，曹操迁乌桓万余部落于中原，余部仍留东北。后渐与汉族和他族人相融合。

⑤柳城：古县名，西汉置，治所在今辽宁朝阳南。

⑥《火攻篇》：《孙子兵法》篇目之一，该篇论述了火攻的种类、方法以及将帅慎重用兵的道理。

【译文】 敌人内部出现自相倾轧的迹象时，不要过分逼迫于它，如果逼得太急的话，就会遭受敌人的反击。要远远地避开他们，敌人内部就会自动发生内乱，互相倾轧。当年三国时，袁尚、袁熙失败逃到辽东时，还有几千兵马。刚开始时，辽东太守公孙康，仗着自己的地盘与曹操距离遥远，不肯服从曹操。后来，曹操击破乌桓，有的人建议曹操可以趁机征讨辽东，这样的话袁尚兄弟二人也可以擒住。曹操说："我正想让公孙康斩杀袁尚、袁熙的人头给我送来，用不着劳师远征了！"到了九月份时，曹操领军从柳城归来，公孙康果然杀了袁尚、袁熙，并把他们的人头送来。诸位将军向曹操请教为什么公孙康会这样做，曹操解释说："公孙康向来畏惧袁尚、袁熙兄弟，如果我用兵急攻他，他们一定会联合起来抗拒我；如果我缓而不攻，他们就会以为没有外患而自相攻击。这是形势使然的结果。"有的人认为：这是兵书中"火攻"计谋的原理。考察《孙子兵法·火攻篇》，前一部分讨论的是火攻的方法，后一部分谈论的是审慎用兵的策略，这与"隔岸观火"的意思正好吻合。

第十计　笑里藏刀[①]

信而安之，阴以图之[②]。备而后动，勿使有变[③]。刚中柔外也[④]。

【注释】 ①笑里藏刀：愿意指表面和善而内心阴毒。军事上指表面上采取政治、外交等手段使局势缓和、麻痹敌人，暗中却积极准备，等待时机，掩盖其重大的军事行动。

②信：使……相信。 阴：暗地里。

③备：充分准备。 变：意外、变化。

④刚中柔外：即外柔内刚之意，表面柔顺，内心却十分刚强。

【译文】 使敌人相信我方而丧失警惕，安然不动；暗地里，我方则另有图谋策划。待我方做好充分准备后再采取行动，切勿使敌人发生变化。这是外表柔弱，内心却十分刚强，暗藏杀机的一种策略。

【按】

兵书云："辞卑而益备者，进也；……无约而请和者，谋也。"[①]故：凡敌人之巧言令色[②]，皆杀机之外露也。宋曹武穆玮[③]知渭州[④]，号令明肃，西人[⑤]惮之。一日，方召诸将饮，会有叛卒数千，亡奔夏境。堠骑[⑥]报至，诸将相顾失色，公言笑如平时。徐谓骑曰："吾命也，汝勿显言！"西人闻之，以为袭己，尽杀之。此临机应变之用也。若勾践之事夫差[⑦]，则竟使其久而安之矣。

【注释】 ①原文见《孙子兵法·行军篇》。辞卑：言辞谦卑。 益备：更加防备。 约：相约。

②巧言令色：花言巧语和虚伪的面孔。见《论语·学而》："子曰：'巧言令色，鲜矣仁。'"

③曹玮：北宋名将曹彬之子，死后赠侍中，谥武穆，故称其为曹武穆玮。字宝成，年方十九时治理渭州。喜读《春秋》三传，精研左氏兵法，多谋善断，智勇双全。带兵四十多年，从来没有过小小的失利，深得少数民族兵士的敬畏。事见《宋史·曹彬传》。

④渭州：州名。北魏永安三年（530年）置，治所在襄武（今甘肃陇西东南）。唐辖境相当于今甘肃陇西、定西、漳县、渭源、武山等县地。安史乱后地属吐蕃，大中时仍归唐。中和四年（884年）移置平凉（今甘肃平凉）。北宋时辖境相当于今甘肃平凉、华亭、崇信及宁夏泾源县地。金改为平凉府。

⑤西人：西夏人。西夏，宋时党项羌所建政权。本名大夏，宋人称西夏。宋景祐五年（1038年）元昊称帝。都兴庆府（今宁夏银川东南），最盛时辖二十二州，包括今宁夏、陕北、甘肃西北部、青海东北部和内蒙一部分地区，和辽、金先后与宋鼎峙。居民有党项羌、汉、藏、回鹘等族。从事农牧业。产青白盐，织毡毯。与宋经济文化联系极为密切，茶、马、盐、铁交易频繁。部分政治制度仿宋，有文字，汉文典籍也广为流传。与宋、辽、金多次发生战争。西夏宝义二年（1227年）为蒙古所灭。共历十主，一百九十年。

⑥堠（hòu）骑：即骑兵侦察员。堠：古代观察敌情的土堡。《周书·韦孝宽传》："一里，置一土堠。"

⑦勾践：春秋末年越国君。越王允常之子，又称菼执。公元前497—前465年在位。曾被吴大败，屈服求和。他卧薪尝胆，刻苦图强，任用

范蠡、文种等人整顿国政，十年生聚，十年教训，终于转弱为强，灭亡吴国。继在徐州（今山东滕县南）大会诸侯，成为霸主。

夫差：春秋末年吴国君。吴王阖闾之子。公元前495—前473年在位。初在夫椒（今江苏吴县西南太湖中）打败越兵，乘胜攻破越都，迫使越屈服。继开凿邗沟，以图向北扩展，在艾陵（今山东莱芜东北）大败齐兵。前482年，在黄池（今河南封丘西南）和诸侯会盟，与晋争霸，越乘虚攻入吴都。后来越再兴兵攻灭吴国，他自杀。二人事见《国语·越语》。

【译文】　《孙子兵法》中写道："敌人的言辞谦逊而暗地里却加强军备，这是要准备发起进攻的迹象……没有事先约定却突然请求讲和的，一定是另有图谋。"所以：凡是花言巧语、满脸堆笑的人，都是内藏杀机的外在表现。北宋时，曹玮在渭州做知州，军纪严明，西夏人都很畏惧他。有一天，曹玮正在和诸位将军饮酒，突然有几千名士兵临阵叛逃，向西夏方向逃跑。当负责侦察的骑兵前来报告时，将官们都大惊失色，只有曹玮仍然是谈笑自若，没有慌乱，和平时一样。只见他慢慢地对侦察骑兵说："他们是遵照我的命令行事，你不要大声声张。"西夏人听说这个消息，以为这是宋人派来偷袭的军队，因此把他们全部都杀光了。这是曹玮将军临机应变谋略的有效运用。就好像春秋时期，越王勾践卧薪尝胆服侍吴王夫差，竟然使夫差长期思想麻痹而贪求安逸，终于等待时机，灭了吴国。这也是运用临机应变的谋略成功的事例。

第十一计　李代桃僵[1]

势必有损，损阴以益阳[2]。

【注释】 ①李代桃僵：僵：枯死。本意是李树代替桃树而死，比喻兄弟间互相爱护互相帮助。后转用来比喻互相顶替或代人受过。军事上之用甲来代替乙的谋略。语出《乐府诗集·鸡鸣篇》："桃生露井上，李树生桃旁。虫来啮桃根，李树代桃殭。树木身相代，兄弟还相忘。"

②损阴以益阳：舍弃"阴"，以增益"阳"。阴，指局部利益；阳指全局利益。意思是损失一小部分利益，可以保存大部分利益。

【译文】 当局势的发展到了必然有一定损失的时候，要懂得舍弃局部的利益，以换取全局更大的利益。

【按】

我敌之情，各有长短[①]。战争之事，难得全胜。而胜负之决，即在长短之相较。而长短之相较，乃有以短胜长之秘诀。如以下驷敌上驷，以上驷敌中驷，以中驷敌下驷[②]之类，则诚兵家独具之诡谋，非常理之可推测者也。

【注释】 ①长短：长处和短处、优势和劣势。古代兵家认为，将帅在指挥作战时，要善于比较双方力量，对己方，能发挥长处补救短处；对敌方，能限制其长处而击败其短处，这是一种重要的制胜办法。

②以下驷敌上驷，以上驷敌中驷，以中驷敌下驷：著名的"田忌赛马"的故事，事见《史记·孙子吴起列传》。战国时期，齐国将军田忌经常和王族们赛马。孙膑看到他们的马相差不远，都有上、中、下三等，

于是向田忌献策：用下等马对上等马，用上等马对中等马，用中等马对下等马。比赛结束，田忌只输了一次，却胜了两次，因而全局获得胜利。

【译文】　我方与敌方的情况，是各有长处和短处的。战争中的事情，要在各方面都超过敌人是很难做到的。战争的胜负，决定于双方各种力量的相互较量。而在优势和劣势、长处与短处的较量中，也有劣势战胜优势、短处战胜长处的，胜利的秘诀在于发挥自己的长处以弥补自己的短处，限制敌人的长处以攻击敌人的短处。如赛马，要用下等马对上等马，用上等马对中等马，用中等马对下等马这类的例子，就是军事家们所具有的独特谋略，这并不是能用常理推测出来的。

第十二计　顺手牵羊[①]

微隙[②]在所必乘，微利[③]在所必得。少阴，少阳[④]。

【注释】　①顺手牵羊：顺手把人家的羊牵走，比喻趁势将敌手捉住或乘机利用别人。军事上，比喻乘敌人的小间隙，向敌人的薄弱处发展，神出鬼没地打击敌人，创造和捕捉胜利战机的一种策略。语出《礼记·曲礼上》：“效马效羊者右牵之。”

②微隙：小的漏洞，小的疏忽。

③微利：微小的利益。

④少阴：阴之初生，比喻小的疏忽或过失。　少阳：阳之初生，比喻小的胜利或成就。

【译文】　敌人出现微小的疏忽或漏洞，我们必须要及时利用；发现微小的利益，也必须要得到，小胜可以积累成大胜。我们要善于将敌人微小的疏忽变成我们微小的胜利。

【按】

大军动处[1]，其隙甚多；乘间取利[2]，不必以战。胜固可用，败亦可用。

【注释】 ①动：运动，兵力调遣和展开等。

②乘间取利：抓住机会，夺取胜利。《草庐经略·游兵》："伺敌之隙，乘间取利。"

【译文】 大军在调遣展开的过程中，它的漏洞一定会很多。这时，应乘此机会，夺取胜利。而不必一定要通过战争的途径。这种战法，胜利的一方可以使用，失败的一方也可以使用。

第三套　攻战计

第十三计　打草惊蛇①

疑即叩实②，察③而后动。复④者，阴之谋也。

【注释】　①打草惊蛇：打草惊了草里的蛇。原比喻惩罚了甲而使乙有所警觉。后多比喻做法不谨慎，反使对方有所戒备。用于军事上，指敌人兵力还没有暴露或意向不明时，切不可轻举妄动，应查清敌方主力配置和运动状况后再作举动。语出宋代郑文宝《南唐近事》："王鲁为当涂宰，颇以资产为务，会部民连状诉主簿贪贿于县尹。鲁乃判曰：'汝虽打草，吾已惊蛇。'"

②叩实：叩，调查、侦察。叩实，即查明真相。

③察：查明情况，详细搜集敌方的情报。

④复：反复、一次又一次。指察明敌情的意思。

【译文】　真相不明时应该首先查明事实、弄清真相，洞察了真相之后再采取行动。反复侦察、一次又一次地了解敌情，是发现敌人隐藏秘密诡计的重要方法。

【按】

敌力不露，阴谋深沉，未可轻进，应遍探其锋[1]。兵书[2]云："军旁有险阻、蒋潢[3]并生芦苇，山林翳荟[4]，必谨复索之，此伏奸之所藏处也。"

【注释】 ①锋：先锋、劲旅、主力。

②查《孙子兵法》，宋十一家注本和明嘉靖谈恺本《孙子·行军篇》均作："军形有险阻、潢井、蒹葭、林木、翳荟者，必谨复索之，此伏奸之所藏处也。"本节引文同上书文字略异，而与孙氏《岱南阁丛书·孙子十家注》本相同。

③蒋潢：水草丛生的沼泽地。

④翳荟：草木茂盛遮蔽的地方。翳，遮蔽；荟，草木茂盛。《抱朴子·外篇·博喻》："繁林翳荟，则羽族云萃。"

【译文】 当敌方的实力还没有暴露的时候，它的阴谋计策藏得还很深，难以发现。这时切不可轻举妄动或轻易冒进，应该采取多种办法从不同的侧面去查明敌方的主力或动向。《孙子兵法》上说："军队旁边如果有险峻关隘、低洼沼泽、树林草木丛生的地方，必须要仔细地反复搜索，因为这些都是敌人可能设下埋伏的地方。"

第十四计　借尸还魂[1]

有用者，不可借[2]；不能用者，求借。借不能用者而用之，匪[3]我求童蒙，童蒙求我[4]。

【注释】　①借尸还魂：本意是迷信者认为，人死后可将灵魂附于他人尸体而复活。比喻已经消灭或没落的事物又以另一种形式出现。军事上，是指在自己处于被动或面临失败的局面下，要善于利用一切有利条件，扭转局势，争取主动，以实现原来的目的。语出元代岳伯川《铁拐李·楔子》："岳寿，谁想你浑家将你尸骸烧化了，我如今着你借尸还魂，尸骸是小李屠，魂灵是岳寿。"

②借：凭借、倚仗，引申为控制、驾驭之意。

③匪：通"非"，不是的意思。

④匪我求童蒙，童蒙求我：不是我去求蒙昧的人，而是蒙昧的人有求于我。语出《易·蒙》："匪我求童蒙，童蒙求我。"《六十四卦经解·蒙》："喻童子蒙弱，必依附先生以强立，故曰：童蒙。……又，蒙者，蒙蒙，物初生形，是其未开著之明也。童，未冠之称。"

【译文】　凡是有所作为的，往往难以凭借，很难去驾驭和控制；凡是没有作为的，则需要依赖他人才能立足，往往会来求助于我。利用没有作为的而顺便将其加以控制，使其有利于我。这其中的道理正与《易·蒙》中所讲的不是我去求蒙昧的人，而是蒙昧的人来求我是一样的道理。

【按】

换代之际[1]，纷立亡国之后者，固[2]借尸还魂之意也。凡一切寄兵权于人，而代其攻守者，皆此用也。

【注释】　①换代之际：指改朝换代。

②固：本来。

【译文】 改朝换代的时候，大家都纷纷扶持某个亡国朝代的后人，这本来就是“借尸还魂”的做法。凡是将兵权寄托在别人名下，而以实际代理人的身份代替别人，实际掌握征伐大权，这都是在使用这一计谋。

第十五计　调虎离山[①]

待天以困之[②]，用人以诱之。往蹇来反[③]。

【注释】 ①调虎离山：本意是：设法使老虎离开原来的山冈，比喻用计使对方离开原来的地方，以便乘机行事。军事上指，把敌人引出据点，到对敌人不利而于我有利的地方去作战。语出明代许仲琳《封神演义》第八十八回：“子牙公须是亲自用调虎离山计，一战成功。”

②天：指天时、地利等客观条件。　困：困扰、围困。

③往蹇来反：语出《易·蹇》：“象曰：蹇，难也，险在前也，见险而能止，知矣哉。……象曰：往蹇来反。”蹇：难。反：李镜池《周易通义》注为“反反”，意思是广大美好之意。一说“反”为返回、撤退之意。按李镜池注解，此句可理解为：去时艰难，来时美好。引申为主动进攻敌人有危险，不如将敌人引诱出来，在对我有利的地方攻击敌人。

【译文】 等到不利的自然条件给敌人带来困难，再利用人为的假象去诱骗敌人。主动进攻敌人对我不利，那么我们就应该把敌人引诱出来，化不利为有利，到有利的地方再攻击敌人。

【按】

兵书曰："下政攻城。"[1]若攻坚，则自取败亡矣。敌既得地利，则不可以争其地。且敌有主[2]而势大。有主，则非利不来趋；势大，则非天人合用，不能胜。汉末，羌[3]率众数千，遮[4]虞诩[5]于陈仓崤谷[6]。诩军不进，宣言上书请兵，须到当发。羌闻之，乃分抄[7]旁县。诩因其兵散，日夜进道，兼行百余里。令军士各作两灶，日倍增之；羌不敢逼，遂大破之。兵到乃发者，利诱之也；日夜兼进者，用天时以困之；倍增其灶者，惑之以人事也。

【注释】 ①下政攻城：攻打城池是下等的计策。见《孙子兵法·谋攻篇》："故上兵伐谋，其次伐交，其次伐兵，其下攻城。攻城之法，为不得已。"

②有主：处于主动地位。 主：即主动。

③羌：古代西域种族的名称。秦汉时，部落众多，总称为西羌。魏、晋、唐时期，部落分散，以游牧为主。后与汉人杂处，部分羌人从事农耕。西汉以来，不断反抗历朝的统治，常袭扰金城（今兰州）、陇西等地，其后逐渐定居西北，大都被汉族同化。

④遮：阻挡。

⑤虞诩：东汉陈国武平（今河南鹿邑西北）人，字升卿。安帝时，为朝歌（今河南汤阴西南）长。后任武都（今甘肃成县西）太守，镇压

羌人起义，途中施用调虎离山和增灶等计策迷惑羌人。以三千兵力，同羌人万余战，用强弩和伏击战术，击败羌人。顺帝时，为司隶校尉，劾罢中常侍张防。以勇于刺举，触犯权贵，曾九受谴责，三遭刑罚。后官至尚书令。

⑥陈仓崤谷：在今陕西省宝鸡市西南。

⑦分抄：分散抢掠东西。

【译文】　《孙子兵法》上说："攻城是最下策。"如果不顾客观条件强行攻打设防坚固的城池，就等于自取灭亡。敌人既然已经占据地形的优势，就不能去与他争夺；更何况敌人早有准备且占据主动。敌人既然居于主动地位，如果不是对他特别有利，他是不会轻易离开驻地前来进攻的；敌人既然兵力上占据优势，如果不能把自然和人为条件结合利用，就不能战胜他。如东汉末年，羌人首领率领几千人，将武都太守虞诩阻挡在陈仓崤谷。虞诩的军队不得前进，便扬言说要向朝廷请求增派援军，等援军到达后再重新进军。羌人听说后，认为援军不会马上到来，便分散到周边诸县去掠夺财物。虞诩见羌人兵力分散，便乘机日夜进军，每天急行军一百多里。每次驻军，命令兵士各作两灶，且每天都在增加。羌人误以为援军已经陆续到达，不敢攻击汉军。于是虞诩突破封锁，大破羌兵。虞诩扬言要等到援军到了之后再进军，是故意让羌人误以为可以利用援军到来的间隙去分散兵力掠夺财物，这是用利诱的办法使羌兵分散；虞诩不分昼夜急行军，是要争取时间，将敌人置于困境之中；而每天加倍增灶，是为了用假象迷惑敌人，使他们误以为援军已经赶到。

第十六计　欲擒故纵[①]

逼则反兵[②]；走则减势，紧随勿迫。累其力气，消其斗志，散而后擒，兵不血刃[③]。需，有孚，光[④]。

【注释】 ①欲擒故纵：本意为想要捉住他，要先故意放开他。语出《老子》第三十六篇：“将欲夺之，必固与之。”军事上指为了更好地控制敌人，先故意放松一步，慢慢瓦解软化敌人。

②逼则反兵：逼，用武力逼迫。反兵，回师反扑。

③兵不血刃：不经过交锋作战，就使敌人屈服。

④需，有孚，光：语出《易·需》：“需，有孚，光亨贞吉。”《周易易卦·上经·需》：“需者，须以待也。物常乖过于求，故事必有所待。”《六十四卦经解·需》：“孚，卵孚也……鸟之孚卵，皆如其期不失，故转训为信。”需，等待的意思。有孚，有信用、有诚意。光，训为“明”，光明，通达，有光明前程之意。此句的意思是要善于等待，缓和局势，争取敌人，并使他信服我而前来归降，这样做是有利的，就会前途光明。

【译文】 敌人如果被逼得太紧，就会回师反扑于我；让他逃走，则可以削减敌人的声势，所以要紧紧地跟踪敌人，但是不要过于逼迫他。通过消耗他的体力，瓦解他的斗志，等他意志松散，溃不成军时再去擒获他，这样就可以不通过流血冲突而取得胜利。这是依照易经需卦的原理，用兵作战要善于等待，缓和局势，争取敌人，并使他们信服我而前来归降，这样做就会对我最为有利。

【按】

所谓“纵”者，非放之也，随之，而稍松之耳。“穷寇勿追”[①]，亦即此意。盖不追者，非不随也，不追之而已。武侯[2]之七擒七纵[3]，即纵而蹑之[4]，故展转推进，至于不毛之地。武侯之七纵，其意在拓地，在借孟获[5]以服诸蛮，非兵法也。若论战，则擒者不可复纵。

【注释】　①穷寇勿追：不追无路可走的敌人，以免敌人情急反扑，造成自己的损失。也比喻不可逼人太甚。语出《孙子兵法·军争篇》："穷寇勿迫，此用兵之法也。"

②武侯：即诸葛亮，死后谥为忠武侯，后世称之为武侯。

③七擒七纵：诸葛亮征南夷，七次生擒酋长孟获，七次释放，使之心悦诚服，不复背叛。见《三国志·蜀书·诸葛亮传》，裴松之注引《汉晋春秋》。后比喻善用策略，使对方诚服。

④蹑：跟踪、追踪。

⑤孟获：三国蜀汉建宁（治今云南曲靖）人。彝族首领。刘备死后，他和建宁豪强雍闿起兵反蜀，数为诸葛亮所败，曾被七擒七纵。后仕蜀，为御史中丞。

【译文】　此计中所说的"纵"，并不是说放任敌人逃走而不管，而是要跟随在他的后面，稍微放松一些罢了。《孙子兵法》说的"穷寇勿追"，也是这个道理。所谓的不追，并不是说不必追赶尾随了，而是说不要把敌人追迫得太紧。三国时期诸葛亮运用七擒七纵之计，就是在放走孟获后继续追踪他，并一直跟踪到了边远的荒凉之地。诸葛亮的七纵孟获，他的本意在于开拓土地，借助孟获来降服南方的各少数民族。这种做法，是出于政治上的考虑，并不是兵法的范围。如果按照兵法的要求，对于被擒获的敌人，是不能够再放走的。

第十七计　抛砖引玉[①]

类[②]以诱之，击蒙[③]也。

【注释】　①抛砖引玉：抛出砖去，引回玉来。比喻用自己不成熟的意见或作品引出别人更好的意见或好作品。典故是：唐朝诗人常建非常佩服赵嘏的才华，总想得到赵嘏的诗作。一次常建打听到赵嘏要到灵岩寺游玩，就先赶到该寺，在墙上题了两句诗。赵嘏见到墙上的诗，提笔就在诗的后面加上两句，形成一首完整的七言绝句，人们评说这是常建抛砖引玉。军事上，是一种以小利去引诱、欺骗敌军，以夺取更大的胜利。

②类：类同、类似。

③击蒙：击，打击；蒙，蒙昧。语出《易·蒙》："击蒙，不利为寇，利御寇。"《六十四卦经解·蒙》："击，治也。"意为蒙卦对盗寇不利，而对防御盗寇者有利。此处借用为：打击因受我诱惑而处于蒙昧状态的敌人。

【译文】　用相类似的东西去诱惑敌人，使敌人懵懂上当并乘机打击他。这是《易·蒙》所讲述的道理。

【按】

诱敌之法甚多，最妙之法，不在疑似[①]之间，而在类同[②]，以固其惑。以旌旗金鼓[③]诱敌者，疑似也；以老弱粮草诱敌者，则类同也。

【注释】 ①疑似：似是而非，又像又不像。

②类同：极相类似的。

③旌旗、金鼓：古代军事上用作通讯、联络、指挥的工具。

【译文】 诱骗敌人的方法有很多，最妙的方法，不是用似是而非的办法，而是用极其类似的办法以加深敌人的迷惑。用旌旗金鼓去迷惑敌人，是似是而非的办法；用老弱士兵或军需粮草去迷惑敌人，则是类似的办法。

第十八计 擒贼擒王[①]

摧其坚，夺其魁[②]，以解其体[③]。龙战于野，其道穷也[④]。

【注释】 ①擒贼擒王：语出唐代诗人杜甫《前出塞》诗："挽弓当挽强，用箭当用长。射人先射马，擒贼先擒王。"比喻做事要抓住要害，用于军事上就是指作战要先抓主要敌手。

②魁：头目、首领。此处指主帅、将领。

③以解其体：解，瓦解；体，躯体、整体、全军。

④龙战于野，其道穷也：语出《易·坤》："象曰：龙战于野，其道穷也。"《周易姚氏学·坤》："阴盛极故穷，乾伏西北，蛰龙也。屈而欲信，故战。"按照《周易》物极必反的矛盾转化思想，龙本来在大海或天空云雨中才能施展自己无穷的威力，如果陷在原野，便会一筹莫展，

难以摆脱失败的结局了。本计引用此语，其意当为擒贼擒王，群贼无首，其战必败。

【译文】 摧毁敌人的主力，只要抓住它的主帅，就可以瓦解它们的整个力量。这就是群龙离开大海，而战于野地之中，互相残杀，必然会陷入穷途末路一样。

【按】

攻胜则利不胜取。取小遗大：卒之利，将之累，帅之害，功之亏也。全胜而不摧坚擒王，是纵虎归山也。擒王之法，不可图辨旌旗[①]，而当察其阵中之首动[②]。昔张巡与尹子奇[③]战，直冲贼营，至子奇麾下。营中大乱，斩贼将五十余人，杀士卒五千余人。巡欲射子奇而不识，剡稿为矢[④]。中者喜，谓巡矢尽，走白子奇。乃得其状，使霁云[⑤]射之。中其左目，几获之。子奇乃收军退还。

【注释】 ①图辨旌旗：根据战旗来辨认。 图：分辨。

②首动：作战中的指挥者。

③张巡：见第七计。 尹子奇：唐朝安史之乱时的叛军将领，官封河南节度使。至德二年（757年）率同罗、仆骨精兵十余万围困睢阳，屡为张巡所破。被南霁云射瞎一目。后不断增兵，围城近一年，终于攻破睢阳，张巡等悉为其所杀。

④剡：削、刮。 稿：谷类植物的茎秆。

⑤霁云：即南霁云，唐代顿丘（今河南清丰县）人，为张巡部将，张巡被围睢阳时，霁云突围求救，求救不成后，又突围入城，后与张巡一同殉国。

【译文】 打了胜仗以后，能够获得的利益将数不胜数。如果贪图眼前的小利益，而放弃了大的利益，对士兵来说是有好处的，但对将领来说却带来了麻烦，对主帅造成危害，以至于前功尽弃，功败垂成。认为取得了全胜而不去摧毁敌人的主力中坚，捉拿敌人的首领，就等于放虎归山。擒拿敌军主帅的办法，不能只看敌人的指挥旗帜，而应当认真观察敌军阵营中谁是指挥者、号令从何发出。唐朝时，张巡与尹子奇交战，张巡率军直冲敌军阵营，杀到尹子奇的指挥旗下。敌军阵营大乱，张巡军斩杀敌将五十余人，士兵五千余人。张巡想要射杀尹子奇，但却不认识他。于是张巡命令兵士用削的秸秆作弓箭，被射中的敌人发现后很高兴，以为张巡军队的弓箭用完了，急忙去向主帅尹子奇报告。张巡于是认出了尹子奇的相貌，立刻叫部将南霁云放箭射杀尹子奇。南霁云一箭射中了尹子奇的左眼睛，差一点将他擒住。尹子奇打了败仗，于是只好收军撤退了。

第四套　混战计

第十九计　釜底抽薪[1]

不敌其力，而消[2]其势，兑下乾上之象[3]。

【注释】　①釜底抽薪：釜，古代的一种锅；薪，柴。把柴火从锅底抽掉，比喻从根本上解决问题。语出《汉书·枚乘传》："欲汤之凔，一人炊之，百人扬之，无益也，不如绝薪止火而已。"又东汉董卓《上何进书》："臣闻扬汤止沸，莫若去薪。"军事上，指想要从根本上击败敌人，必须削弱敌人立足的气势和斗志，然后彻底击败敌人。

②消：消减、削弱。

③兑下乾上之象：卦名。在八卦中，乾为天，兑为泽，兑下乾上得《履》卦。《易·履》："象曰：柔履刚也。"《六十四卦经解·履》："此如文王履讨纣之刚暴而亨也。又鸿门已无项，玉津犹有越，汉高、勾践，亦其义也。……乾天为上，兑泽为下。"意思是能够以下克上、以柔克刚。用于军事上，其意在于如果遇到强敌，不要与之硬碰硬，而要用阴柔克刚的方法消灭其阳气，而后设法打败敌人。

【译文】　面对强大的敌人，如果力量上敌不过敌人，不能与其硬碰硬，而要设法去削弱敌人的气势，采取《易·履》中以柔克刚的办法，逐步消灭敌人。

【按】

水沸者，力也，火之力也。阳中之阳[①]也，锐不可当；薪者，火之魄[②]也，即力之势也，阳中之阴也，近而无害。故力不可当而势犹可消。《尉缭子》[③]曰："气实则斗，气夺则走。"而夺气[④]之法，则在攻心。昔吴汉为大司马[⑤]，尝有寇，夜攻汉营。军中惊扰，汉坚卧不动。军中闻汉不动，有顷乃定。乃选精兵夜击，大破之。此即不直当其力而扑消其势力。宋薛长儒[⑥]为汉州通判[⑦]。戍卒开营门，放火杀人，谋杀知州、兵马监押[⑧]。有来告者，知州、监押皆不敢出。长儒挺身出营，谕之曰："汝辈皆有父母妻子，何故做此？然不与谋者，各在一边。"于是不敢动。惟本谋者八人[⑨]突门而出，散于诸村野，寻捕获。时谓非长儒，则一城涂炭矣。此即攻心夺气[⑩]之用也。或曰：敌与敌对，捣强敌之虚，以败其将成之功也。

【注释】　①阳中之阳：指火旺水沸，引申为强大之中的最强大者。

②火之魄：魄，旧时指人身中依附于形体而显现的精神，以区别于可以离开形体而存在的魂。火之魄，即指火赖以产生的物质。

③《尉缭子》：中国古代著名兵书，《武经七书》之一。历有著录，

但篇数不等，有《续古逸丛书》影宋本及明、清刊本等存世，5 卷，24 篇，9000 余字。另唐魏徵《群书治要》辑存 4 篇；1972 年，银雀山汉初墓出土残简 6 篇，与其他版本相应之篇大同小异。《隋书·经籍志》注称“《尉缭子》作者为尉缭，梁惠王时人”，有疑为秦王政时尉缭所作，也有疑为后人伪托。据现有资料推断，成书似在战国中期。《尉缭子》具有朴素的唯物和辩证思想，大致反映战国时军队和战争情况，继承《孙子兵法》《吴子》有关军事思想。其所论甚广博，颇得用兵之意，对后世有重要影响。唐、宋时杜牧、何延锡、张预都引有《尉缭子》文注释《孙子》,在一些类书和兵书中亦多引述。

④夺气：削弱、瓦解敌方的气势和意志。

⑤吴汉：东汉初南阳宛县（今河南南阳）人，字子颜。新莽末年，亡命渔阳（治今河北密云），以贩马为业。后归刘秀，为偏将军，征发渔阳等郡骑兵，助刘秀消灭割据势力，并镇压农民起义军。刘秀即位后，他任大司马，封广平侯。吴汉用兵坚毅沉稳，指挥果断，危急时能够镇定自若，激励将士，因此数次反败为胜。

大司马：古官名。《周礼》以大司马为夏官之长。汉武帝始置，加丁大将军、骠骑将军号前。汉宣帝时，始单置。汉成帝绥和元年（前 8 年）与丞相、大司空为三公。东汉光武帝建武二十七年（51 年），改名太尉。灵帝时又于太尉外另置大司马。魏、晋为上公之一，位三公之上。南北朝置废不常。陈用作赠官。北朝魏、齐与大将军为“二大”，典武事，亦在三公之上。北周依《周礼》置六官，以为夏官之长，以卿任其职。隋以后废。明、清为兵部尚书的别称。

⑥薛长儒：字元卿，宋代绛州（今山西新绛）人，历任通判、知州。为人淳朴谨慎，沉默少语，惠爱百姓。

⑦汉州：汉州即今四川省广汉市，唐置，时辖雒、什邡、德阳、绵竹、金堂5县，民国废。西汉高祖置雒县，属益州广汉郡，唐武则天于雒县置汉州，元省入汉州，由汉州直辖雒县区域，沿袭至清。民国二年改名广汉县，1988年撤县建市。

通判：官名。宋朝时，为加强控制地方而置于各州、府，辅佐知州或知府处理政务，凡兵民、钱谷、户口、赋役、狱讼等州府公事，须通判连署方能生效，并有监察官吏之权，号称“监州”。明、清各府置通判，分掌粮运、水利、屯田、牧马、江海防务等事。清各州另有州判，分掌粮务、水利、防海、管河等事。

⑧知州：官名。宋代派朝臣为州一级的地方行政长官，称“权知某军州事”，简称知州。“权知”意为暂时主管，“军”指该地厢军，“州”指民政。原意为暂行主持本军本州事务。明、清以知州为正式官名，为各州行政长官，直隶州知州地位与知府平行，散州知州地位相当于知县。

兵马监押：武官名。宋代诸路统兵官，亦称监押。以资历低者充任，掌本路军旅屯戍、营防、训练之政令。

⑨八人：一作十三人，见《欧阳永叔集·尚书驾部员外郎致仕薛君墓志铭》。

⑩攻心夺气：从思想上瓦解敌人的斗志，击垮敌人的士气。

【译文】 水的沸腾，是靠力的驱动，这种力就是火的力量。火烧得越旺，水沸腾得越猛，这种势头越是不可阻挡的。柴草，是产生火的原料，猛烈的火势就是靠它而形成的。但柴草本身并不凶猛，它是温和柔弱的东西，人们靠近它并不会受到伤害。所以，强大的力量虽然难以阻挡，但它的气势还是可以削弱的。《尉缭子》中说：“士气旺盛，就敢于战斗；士气低落，就会溃逃。”而削弱敌人士气的方法，就在于从精神上征服对方。东汉初年，吴汉做大司马时，有敌人乘夜袭击汉军的军营。军营里陷入一片混乱之中，吴汉却安然躺在营床上，军营中的兵士听说吴汉如此的沉着冷静，情绪也就一下子安定下来了。这时，吴汉便挑选出精锐部队，乘夜突击，打败了敌人。这就是采用不与敌人正面交锋，而先设法削弱敌人的士气，再去打败敌人的策略。北宋薛长儒做汉州通判时，守卫的戍卒叛变，打开营门，火烧军营，企图杀害知州和兵马监押。有人前来报告，知州和兵马监押都不敢出门。这时，长儒挺身而出，步行到军营前，对叛乱的士兵们说道："你们都有父母妻子，为什么做出这样的事情呢？凡是没有参与策划的，都站到一边来。"于是，附和叛变的，都站在一边不动，只有参与策划的八个人冲出营门逃走，分散到野外的村庄里，但不久都被捉到了。当时人们说，如果不是薛长儒挺身而出，全城就生灵涂炭了。这就是用攻心夺气之计的效用。有人说，当两军对阵时，突然攻击强大敌军的弱点，破坏它即将取得的胜利，这也是"釜底抽薪"计谋的正确运用。

第二十计　浑水摸鱼[①]

乘其阴乱[②]，利其弱而无主。随，以向晦入宴息[③]。

【注释】　①浑水摸鱼：本意为乘着水浑浊鱼儿晕头乱向之际把鱼捉住。军事上指利用敌人混乱之际，消灭敌人的谋略。

②乘其阴乱：乘敌人内部发生混乱。阴，引申为内部。

③随，以向晦入宴息：随，随从。意思是：人随天时而作息，夜晚到临就要进入寝室休息。语出《易·随》："象曰：泽中有雷，随。君子以向晦入宴息。"《六十四卦经解·随》："随，有随时、随人二义。……

日出视事，其将晦暝，退入宴寝而休息也。”

【译文】　乘着敌人内部发生混乱，利用他力量虚弱且没有主见的时候，使敌人顺从地跟随我。就像《易·随》所说的道理一样，人要随天时而休息，夜晚到来就要进入寝室休息一样。

【按】

动荡之际，数力冲撞，弱者依违[①]无主；敌蔽[②]而不察，我随而取之。《六韬》[③]曰：“三军数惊，士卒不齐，相恐以强敌，相语以不利。耳目相属，妖言不止，众口相惑。不畏法令、不重其将：此弱征也。”是“鱼”[④]，混战之际，择此而取之。如刘备[⑤]之得荆州、取西川[⑥]，皆此计也。

【注释】　①依违：顺从和违背，指犹豫不决，遇事依违两可。依，依靠、拥护；违，违背、反对。

②蔽：蒙蔽、掩盖。

③《六韬》：古代兵书名，相传为周代吕尚所著。吕尚，字子牙，东海姜姓，因祖先封于吕，故从姓吕。后周文王聘于渭水之阳，并因周文王说过“吾太公望之久矣”，因号称“太公望”，俗称姜太公，辅佐周王灭商。世传其遗有兵书《六韬》，被宋代列为《武经七书》之一，与《三略》《孙子兵法》并称。引文见《六韬·兵征》。

④“鱼”：猎取对象，比喻敌人。

⑤刘备：即蜀汉昭烈帝。三国时蜀汉的建立者。字玄德，涿郡涿县

（今河北涿州）人。东汉末起兵，参与镇压黄巾军。军阀混战中采用诸葛亮联孙抗曹的计谋，于208年在赤壁大败曹操，占领荆州，后又夺取益州和汉中，力量逐渐壮大。221年称帝，都成都，国号汉。次年在吴蜀夷陵之战中大败，不久病死。

⑥荆州：今湖北江陵县北。汉武帝所置十三刺史部之一。辖境约当今湖北、湖南两省及河南、贵州、广东、广西的一部分。东汉治所在汉寿（今湖南常德市东北），其后屡经迁移，东晋时定治江陵（今县）。晋以后辖境渐小，唐约有今湖北松滋至石首间的长江流域，北部兼有今荆门、当阳等县。上元元年（760年）升为江陵府。州境在三国时位于三国接壤地带，兵争甚烈。东晋、南朝时是上游的军事重镇，其重要性仅次于都城。西川：今四川西部。

【译文】 动荡不安的时候，往往存在多种力量的冲突。弱小的势力在顺从谁或反对谁的问题上往往不能自主。如果敌方受到蒙蔽而没有察觉出来，我方就应当立即着手把这股弱小势力夺取过来。《六韬》中说："全军多次惊慌，军心不齐，又因为对敌人力量估计过强而产生恐惧心理，互相之间传播着泄气的话；大家相互交头接耳、传递眼色，谣言纷纷、听信假话；不再害怕法令、不尊重主帅。这些都是军队虚弱无力的征兆。"这就像是无所适从的"鱼"，在混战的时候，应该乘机抓住它。比如刘备夺取荆州、占领西川，都是采用的这一计策。

第二十一计　金蝉脱壳[①]

存其形，完其势[②]，友不疑，敌不动。巽而止，蛊[③]。

【注释】 ①金蝉脱壳：原指一种生物现象，即蝉类昆虫在变成虫时，要脱去一层壳。比喻用计逃脱而使对方不知不觉。用于军事上，多指在存亡危急时刻，设法摆脱敌人及时转移、撤退的一种计谋。

②存其形，完其势：保持已有的战斗阵容，保持继续战斗的各种态势。

③巽而止，蛊：语出《易·蛊》："象曰：蛊，刚上而柔下，巽而止，蛊。"巽，谦让。蛊，惑乱。此处可解作暗中转移主力，以避免遭受损失。

【译文】 保持已有的战斗阵形不变，造成还在原地继续战斗的态势。使得友军不产生怀疑，敌人不敢轻举妄动，贸然进犯。这是《易·蛊》中所说的，要善于暗中转移主要力量，隐蔽自己的企图，乘敌人还没有产生怀疑之际，乘机脱离险境。

【按】

共友击敌，坐观其势。倘另有一敌，则须去而存势。则金蝉脱壳者，非徒走也。盖为分身之法也。故我大军转动，而旌旗金鼓，俨然[①]原阵。使敌不敢动，友不生疑。待已摧他敌而返，而友敌始知，或犹且不知。然则金蝉脱壳者，在对敌之际，而抽精锐以袭别阵也。

【注释】 ①俨然：逼真，好像真的。

【译文】 同友军联合作战，要仔细观明敌、我、友三方的态势。如果发现还有其他敌人，就必须表面上仍然保持原有的阵势，而暗中分兵去迎击。所谓金蝉脱壳，并不是一走了之，而是分兵作战的一种方法。因此，当我方大军调动转移时，要看起来没有任何变化，原来的阵势依然旗帜招展、锣鼓声喧，逼真得和原来的阵势一样。这样敌人不敢轻举妄动，友军也不会产生怀疑。等到摧毁别处的敌人回来时，友军和敌人才发觉，或者还没有发觉。由此可见，“金蝉脱壳”就是在两军对垒时，暗中抽走精锐部队去袭击别处敌人的一种计谋。

第二十二计　关门捉贼[1]

小敌困之。剥，不利有攸往[2]。

【注释】　①关门捉贼：本意是贼人入户偷东西，关起门来才能捉住进来的小偷。比喻对小股敌人采取围歼的战术。

②剥，不利有攸往：语出《易·剥》：“彖曰：剥，剥也；柔变刚也。不利有攸往。小人长也，顺而止之。”《六十四卦经解·剥》：“剥，裂也；从刀从录。录，刻割也。又，落也，万物零落之象。”剥，裂开的意思；攸往，远远追击。《易》中的意思是万物剥落时，阴柔的力量变成刚强的力量，小的势力增强，不利于追赶。此处的意思是：垂死的敌人，虽然已经残弱不堪，但在紧要关头，还能挣扎一番，对它不宜穷追远赶，而应该即时围困消灭。

【译文】　对付弱小的敌人，应该加以包围、歼灭。小股敌人力量虽然弱小，但如果放任它逃走而又穷追远赶，对我方是非常不利的。这是《易·剥》中所表现的道理。

【按】

捉贼必关门者，非恐其逸[①]也，恐其逸而为他人所得也。且逸者不可复追[②]，恐其诱也。贼者[③]，奇兵也、游兵也[④]，所以劳我者也。《吴子》[⑤]曰："今使一死贼，伏于旷野，千人追之，莫不枭视狼顾[⑥]。何者？恐其暴起而害己也。是以一人投命[⑦]，足惧千夫。"追贼者，贼有脱逃之机，势必死斗；若断其去路，则成擒矣！故小敌必困之。不能，则放之可也。

【注释】 ①逸：逃跑。

②逸者不可复追：逃跑的敌人不可以再去追赶。《李卫公问对·卷上》："法曰：佯北勿追。"

③贼者：此处指诡计多端的敌人。

④奇兵：奇，泛指以特殊战法，执行机动作战等偷袭战术的部队。《百战奇法奇战》："凡战，所谓奇战，攻其不备，出其不意也。"

游兵：机动灵活的游击部队。《草庐经略·游兵》："游兵者，谓其无定在也。"

⑤《吴子》：中国古代著名兵书，《武经七书》之一。相传战国初期吴起所著，战国末年即已流传。《汉书·艺文志》称"吴起四十八篇"，《隋书·经籍志》《新唐书·艺文志》均载为一卷。今有《续古逸丛书》影宋本及明、清刊本，存图国、料敌、治兵、论将、应变、励士六篇，分上下两卷。吴起是战国初期著名的政治家、军事家，卫国人。曾做过

楚国的令尹（相当于后世的宰相），实行变法，使楚国逐渐强大。后变法失败被楚国旧贵族杀死。引文见《吴子·励士》篇。

⑥枭视狼顾：枭，指猫头鹰之类的恶鸟；枭视，猫头鹰白天看物，视而不见，眼大无神的样子。狼顾，狼行走时四处张望，以防不测。意思是如枭盯视，如狼频顾，形容行动警惕，有所畏忌。

⑦投命：豁出命去，不怕死的意思。

【译文】 捉贼之所以要关紧房门，不仅是怕贼人逃走，而是怕贼人逃走后，反而被别人得到而加以利用。而且，对逃走贼人不应该再去追赶不放，以免中了敌人的诱兵之计。从军事上说，所谓贼，就是指那些突然来袭、出没无常、诡计多端的敌人，他们的目的就是使我方陷入疲劳，以便实现他们的企图。兵书《吴子》中说道："如果让一个亡命之徒隐藏到旷野之中，即使派出一千兵力去追捕他，也会视而不见，顾虑重重。这是为什么呢？是恐怕遭受贼人的突然暴起袭击而受伤。因此，只要一个人不怕死，他就可以使一千人恐惧。"追赶贼人这种事情，如果盗贼发现还有逃脱的机会，他必然会拼死抵抗；如果截断他的去路，断绝其逃跑的希望，盗贼就只能被擒住了！所以说，对付弱小的敌人，必须包围他，歼灭他，如果办不到，暂时让他逃走也是可以的。

第二十三计　远交近攻[1]

形禁势格[2]，利从近取；害以远隔。上火下泽[3]。

【注释】 ①远交近攻：联络距离远的国家，进攻邻近的国家。这是战国时秦国采取的一种外资策略。出处《战国策·秦策三》，范雎建议秦王："王不如远交而近攻，得寸则王之寸，得尺亦王之尺也。"

②形禁势格：也作"形格势禁"，形势的发展受到阻碍。禁，禁锢、限制。格，阻碍。见《史记·孙子吴起列传》："批亢捣虚，形格势禁，则自为解也。"

③上火下泽：语出《易·睽》："彖曰：上火下泽，睽。君子以同而异。"睽，违背、矛盾。意思是火焰向上伸，泽水向下淌，水火相克。这就像两个志趣不同的人，但可以暂时联合，攻击异己。与我国提出的"求同存异"外交政策相类。此计用"上火下泽"相互违离的道理，说明采取"远交近攻"的策略，可以使敌人产生矛盾，而我则各个击破。

【译文】 凡是受到地理形势限制时，攻击自己附近的敌人，对我方就有利；攻击距离较远的敌人，对我方就有害。火苗向上伸，泽水向下淌，水火相克。虽然双方都是敌人，与我不相容，但我可以与其中一方暂时联合，使他们相互违离，而我随后将他们各个击破。这是与《易·睽》"上火下泽"相类似的道理。

【按】

混战之局，纵横捭阖[①]之中，各自取利。远不可攻，而可以利相结；近者交之，反使变生肘腋[②]。范睢[③]之谋，为地理之定则，其理甚明。

【注释】 ①纵横捭阖：纵南北，横东西。纵横，指合纵连横；捭阖，开合，指择取手段，权变应对。战国时策士游说的一种方法。指在政治或外交上运用手段进行分化或拉拢。语出西汉刘向《战国策序》："苏秦为纵，张仪为横，横则秦帝，纵则楚王，所在国重，所去国轻。"又《鬼谷子·捭阖》："捭之者，开也，言也，阳也；阖之者，闭也，默也，阴也。"

②肘腋：肘，胳膊的上节和下节；腋，是腋窝。这里的肘腋是比喻非常迫近的地方。

③范雎：战国时魏人。因事为魏国大夫须贾所诬，被魏相魏齐使人笞击折胁。后化名张禄，由王稽、郑安平帮助送入秦国。他游说秦昭王，驱逐专权的秦相魏冉。秦昭王四十一年（公元前266年）任秦相，封于应（今河南宝丰西南），称应侯。主张远交近攻，歼灭敌国主力。长平（今山西高平西北）之战，秦将白起大胜赵军。他妒忌白起功劳，迫使自杀。推荐郑安平为将，王稽为河东守。后郑安平围攻邯郸失败降赵。秦昭王五十二年（公元前255年）王稽又因"与诸侯通"之罪，坐法诛。他谢病归相印，不久即死。

【译文】 在混乱攻战的局势中，各方势力采取各种联合与分化、公开与秘密的手段，翻云覆雨，随机应变，而为自己争取利益。远处的不要去进攻，而是可以用一些利益去和他结交；近邻的如果去结交，反而会使祸患发生在自己身边。范雎的谋略，就是把地理位置远近，作为结交或攻击的准则，这其中的道理是很明显的。

第二十四计　假途伐虢[1]

两大之间，敌胁以从，我假以势。困，有言不信[2]。

【注释】 ①假途伐虢：或作"假道伐虢"。虢，国名，在今山西平陆及河南三门峡一带。与晋国同宗。春秋时，虞、虢两国毗邻，都靠近晋国。晋国久有吞并二国的野心，便采取荀息的战略，先用名马、宝玉买通了虞公，虞公便不顾宫之奇的劝谏，允许晋国借道以便于攻打虢国。虢国被灭亡后，虞国也被晋国灭掉了。事见《左传·僖公二年》。

②困，有言不信：语出《易·困》："有言不信。"《周易姚氏学·困》："按：处困之时，不见信于人，故有言不信。"处于困迫的情势下，是不肯轻易相信别人的空话的。

【译文】 处在敌我两个大国中间的小国，当敌方强迫它屈服时，我方应当立即派兵救援，显示威力。对处于困境中的国家，正如《易·困》中说的道理一样：只有空话而没有实际的行动，是不会取得信任的。

【按】

假地用兵之举，非巧言可诳[1]。必其势不受一方之胁从，则将受双方之夹击。如此境况之际，敌必迫之以威，我则诳之以不害，利其幸存之心，速得全势[2]。彼将不能自阵[3]，故不战而灭之矣。

【注释】 ①诳：欺骗、迷惑。

②全势：整个局势。

③自阵：依靠自己的力量保持阵势。

【译文】 以对敌国用兵的名义向邻国借道，这种举动不是靠花言巧语就能欺骗的。这个国家必须处于这样的形势：如果它不受来自一方的武力威胁，就会受到来自两方势力的夹击。在这种情况下，敌人必然会用武力来逼迫它，我方却可以以不会侵犯它作为诱饵，利用它希望侥幸图存的心理，迅速将我方势力渗透进去，进而控制整个局势。那么，它将不能够依靠自己的力量来保存自己，因此，我方不必通过战争就可以将它消灭掉。

第五套　并战计

第二十五计　偷梁换柱[1]

频更其阵，抽其劲旅，待其自败，而后乘之。曳其轮也[2]。

【注释】　①偷梁换柱：比喻暗中玩弄手法，以假代真，以劣代优。用于军事上，指同别的军队联合作战时，暗中抽换它的主力部队，使它作战不利，以便乘机吞并它的计谋。

②曳其轮也：曳，拖住。语出《易·未济》："九二，曳其轮。贞吉。"《易·既济》："曳其轮，义无咎也。"意思是，拖住了车轮，车子就不能运行了。此处的意思可引申为抽出主力，阵势也就非垮掉不可。

【译文】　频繁地变更敌人的阵形，抽调出它的主力部队，等待敌人自行溃败后，然后再乘机击败或吞并它。这就好像拖住了大车的车轮（控制了车轮，也就控制了车子运行的方向）。

【按】

阵有纵横，天衡[1]为梁，地轴[2]为柱，梁柱以精兵为之。故观其阵，则知其精兵之所在。共战他敌时，频更其阵，暗中抽换其精兵，或竟代其为梁柱，势成阵塌[③]，遂兼其兵。并此敌以击他敌之首策也[④]。

【注释】 ①天衡：阵名，战阵部位的名称。《洴澼百金方·营阵·阵论》：“天衡居前后也，二横相对。”这里指布阵时，首尾相对的队列在整个阵式中具有大梁的关键作用。

②地轴：战阵部位的名称。《洴澼百金方·营阵·阵论》：“地轴贯中央也。”这里指处于阵中心队列在整个阵式中具有支柱作用。

③势成阵塌：势成，指对己方有利的形势已经形成；阵塌，指友军的阵式已被我方频繁更改而搞乱了。

④此敌：指原来的友军。 他敌：指原来与友军共同对付的敌军。

【译文】 军队布阵时分东西南北，有纵阵有横阵。在阵式中首尾相对的队列具有如“天衡”大梁一样的关键作用；处于阵式中心的阵列在整个阵式中具有“地轴”一样的支柱作用。“梁”和“柱”通常都是由精锐部分来担任。所以，观察敌人的阵式，就能知道其主力部队所在的位置。与友军共同作战时，可以频繁地变更友军部队的阵形，暗中抽换其精锐部队，甚至派己方精锐部队去取代其处于梁柱的中心位置。这样，它的阵势就必然会垮塌，于是我方就可以乘机兼并友军而归我方控制。这是兼并友军来扩充自己的力量去击败敌人的首要计策。

第二十六计 指桑骂槐[①]

大凌[②]小者，警[③]以诱之。刚中而立，行险而顺[④]。

【注释】 ①指桑骂槐：指着桑树骂槐树。比喻表面上骂这个人，实际上是骂那个人。用于军事上，指的是一种“杀鸡儆猴、敲山震虎”的暗示手段达到统领部下和树立威信的法术。

②凌：凌驾、控制。

③警：警告、告诫、提醒。

④刚中而立，行险而顺：中，适中；险，危机之事。语出《易·师》：“彖曰：刚中而立，行险而顺，以此毒（治）天下，而民从之。”意思是将帅用强硬的姿态，严肃而认真地统率和管理部下，这样可以得到部下的响应和拥护；在危险紧要关头，将帅用坚毅果敢的态度和手段来行事，可以得到部下的服从和尊敬。

【译文】 凭借强大的实力去控制弱小的，必须用警戒的方法去进行诱导。这就像是《易·师》卦中所说的，适当地用刚猛强硬的态度，坚毅果敢地行事，就可以得到部下的服从和尊敬。

【按】

率数[①]未服者以对敌，若策[②]之不行；而利诱之，又反启其疑。于是故为自娱，责他人之失，以暗警之。警之者，反诱之也，此盖以刚险[③]驱之也。或曰：此遣将法也。

【注释】 ①率数：率，率领；数，屡次，可引申为一向、平素。

②策：策动、指挥。

③刚险：强硬和险诈相结合的手段。

【译文】 率领一向还没有完全服从你的人去与敌人作战，如果指挥得不到部下的执行，而使用利诱的方法去诱导他们，又反而会引起他们的怀疑。这时，你可以故意造成某种失误，并以此去责备别人发生的过错，以此来警示那些不听从命令的人。这种警告，是从反面对他们进行诱导。这是一种以刚猛险诈的手段迫使他人服从管制的办法。也可以说是：这是一种驾驭部将的法术。

第二十七计　假痴不癫[1]

宁伪作不知不为，不伪作假知妄为。静不露机[2]，云雷屯[3]也。

【注释】 ①假痴不癫：假装呆傻，实际并不疯癫。形容外表看似愚钝，而心里却十分清醒。痴，傻，呆。癫，疯癫，癫狂。用于军事上，指假装麻痹敌人，并伺机给敌人以措手不及的打击。用于政治上，指表面装疯卖傻，而背地里却做着积极的准备，以等待时机的一种韬光养晦之术。

②静不露机：保持平静而不泄漏任何心机。

③云雷屯：语出《易·屯》："象曰：云雷屯，君子以经论。"《周易姚氏学·屯》："冬雷藏地中，至春乃激薄而出。"意思是说运用计谋如冬天隐藏在地下的雷电，不到时机不会发作。

【译文】 宁可装作愚蠢无知而不采取任何行动，也不要装作聪明而轻举妄动。要保持沉静而不泄漏任何心机。如同《易·屯》中所说的：冬天的雷电不露声色地积聚力量，等到春天时才爆发出威力。

【按】

假作不知而实知，假作不为而实不可为，或将有所为。司马懿[1]之假病昏以诛曹爽[2]，受巾帼[3]、假请命[4]，以老蜀兵，所以成功。姜维[5]九伐中原，明知不可为而妄为之，则似痴矣！所以破灭。兵书[6]曰："故善战者之胜也，无智名，无勇功。"当其机未发时，静屯似痴；若假癫，则不但露机，且乱动而群疑：故假痴者胜，假癫者败。或曰："假痴可以对敌，并可以用兵。"宋代，南俗尚鬼。狄武襄（青）征侬智高[7]时，大兵始出桂林之南，因佯祝曰："胜负无以为据。"乃取百钱自持，与神约："果大捷，则投此钱尽钱面也。"左右谏止："倘不如意，恐沮师。"武襄不听。万众方耸视，已而挥手一掷，百钱皆面。于是举手欢呼，声震林野。武襄也大喜，顾左右，取百钉来，即随钱疏密，布地而贴钉之，加以青纱笼护，手自封焉。曰："俟凯旋，当酬神取钱。"其后平邕州[8]还师，如言取钱，幕府[9]士大夫共视，乃两面钱也。

【注释】　①司马懿：三国河内温县（今河南温县西）人，字仲达。出身士族。初为曹操主簿，多谋略，善权变。后任太子中庶子，为曹丕所信重。魏明帝时，任大将军，多次率军对抗诸葛亮，为魏重臣。曹芳即位，他和皇族曹爽受遗诏辅政。嘉平元年（249年），杀曹爽，专国政。死后，其子师、昭相继专权。在世家大族的拥护下，其孙炎代魏称帝，建立晋朝，追尊为宣帝。

②曹爽：三国谯（今安徽亳县）人，字昭伯。曹操侄孙。魏明帝时，为武卫将军。曹芳即位，他同司马懿受遗诏辅政。用何晏等为心腹，与司马懿争夺政权，被懿所杀。

③巾帼：古代妇女的头巾和发饰，借指妇女。

④假请命：故意装着向上级请示。

⑤姜维：见第二十一计注释。

⑥兵书：即《孙子兵法·军形篇》。

⑦狄武襄（青）：即狄青，武襄是他死后的谥号。北宋大将，字汉臣，汾州西河（今山西汾阳）人。行伍出身，在对西夏战争中屡立战功，为范仲淹等所擢用，由士兵累升为大将。1052年，他击败了侬智高的军队，升为枢密使同平章事，旋被排挤去职，出判陈州而死。

侬智高：宋代广源州（今越南高平省广浦）蛮族。侬氏自唐初就称雄于西原（今广西靖西县东部），世袭为州的首领。宋庆历元年，其势力扩展到今广西境内，建立“大历国”政权。皇祐四年又自立为“仁惠皇帝”，从邕州沿江南下，攻破横、贵、浔、梧等州，盘踞广南。于是，宋遣大将狄青征讨，败侬智高军于昆仑关归仁铺，最后败死大理。

⑧邕州：州、路名。唐贞观六年（632年）改南晋州置，因邕溪水得名。治所在宣化（今南宁市南）。辖境相当于今广西南宁市及邕宁、武鸣、隆安、大新、崇左、上思、扶绥等县地。五代晋天福七年（942年）改名诚州，南汉初复旧。元至元十六年（1279年）升为邕州路，泰

定元年（1324 年）改名南宁路。唐时曾为邕管经略使、岭南西道节度使治所，五代时曾为建武军节度使治所。

⑨幕府：古代军队出征，宿营时使用帐幕，后来称将帅的指挥部为幕府。

【译文】 假装不知道，而实际上非常清楚；假装不行动，而实际上是客观形势不允许立刻有所行动，或是在耐心地等待时机成熟时再行动。三国时，司马懿用假装衰老病重的计谋，从而使曹爽失去警惕而被杀死；接受诸葛亮送来的妇女衣服，假装上表报告请战，借口上谕而拒绝出战，借此达到使蜀国士兵疲劳的目的，从而取得了胜利。姜维九次率兵讨伐中原，明明知道这样做是不可能成功的却要轻举妄动，几乎是近于愚蠢的行为，所以最后他失败了。《孙子兵法》上说："善于用兵打仗而且能够取得胜利的人，不会显露出智谋的名声，不会表现出勇敢的功劳。"当战机还未成熟时，保持沉着冷静，不露声色，像痴痴的呆子一样；如果假作癫狂，那是不行的，那样不但会泄露机密，而且轻举妄动还会引起大家的猜疑。所以说，假装痴呆的人可以获得胜利，假装癫狂的人必然失败。还有的人说："假装痴呆是可以用来对付敌人的，也可以用来指挥自己的部队。"宋代时，南方有迷信鬼神崇拜的风俗。狄青率领大军征讨侬智高的时候，大部队刚刚走到桂林以南，狄青便假装祷告天神说："这次出兵，胜负如何还不知道。"于是他取出一百枚铜钱拿在手中，向神灵祷告说："如果能够获得大胜，就让我掷出的铜钱，落在地面时都是钱面（没有文字的那一面）朝上。"左右的人都劝阻说道："如果不能如愿的话，恐怕会涣散军心，影响士气。"狄青并不听劝告。当成千上万的士兵正提心吊胆地看着他时，只见狄青突然挥手，把铜钱全部扔到了地上，一百枚铜钱竟然全部是钱面朝上的。于是，全军上下都举手欢呼，声音震动山野。狄青也非常高兴，命令左右侍从取来一百枚钉子，依照铜钱散落的疏密，把钱牢牢钉立在地面上，再用青色的纱布盖上，并亲手封存好。然后说："等我们凯旋归来时，一定酬谢天神再回来取钱。"后来，狄青果然平定邕州，带领军队返回，按照原先说的那样，把钱取回。幕僚士大夫们打开一看，那些铜钱两面都是一样的。

第二十八计　上屋抽梯[1]

假之以便，唆之使前[2]，断其援应，陷之死地。遇毒，位不当也[3]。

【注释】　①上屋抽梯：语出《孙子兵法·九地篇》："帅与之期，如登高而去梯。"意思是主帅与将士们如其赴约，像要登高的梯子那样，只能上不能下。一说出自陈寿《三国志·蜀志·诸葛亮传》："琦乃将亮游观后园，共上高楼，饮宴之间，令人去梯，因谓亮曰：'今日上不至天，下不至地，言出子口，入于吾耳，可以言示？'"比喻进行极其秘密的谋划。也比喻诱人上当。

②唆之使前：诱使敌人盲目前进。唆，唆使、引诱。

③遇毒，位不当也：语出《易·噬嗑》："象曰：遇毒，位不当也。"噬嗑，本意为吃干肉。《诚斋易传·噬嗑》："若腊（肉）之坚而难噬也，噬之则遇毒而伤齿矣……此弱于齿而噬夫坚者也，能不遇毒呼？故曰位不当也。"意思是坚硬的腊肉用弱小的牙齿去咬，就容易使牙齿受到伤害。此计用于军事上指贪图小利而盲目进军是很危险的，如果硬要强攻，必将陷于危险的境地。

【译文】　故意露出破绽给敌人提供某种便利，诱使其盲目进军，然后截断敌人的后援，就能使敌军陷于绝境。这是《易·噬嗑》所说的：牙齿咬上又坚又硬的腊肉而受到伤害一样，使敌人处于不利地位而难以脱身。

【按】

唆者，利使之也。利使之而不先为之便，或犹且不行。故抽梯之局[①]，须先置梯；或示之以梯。

【注释】　①局：指骗人的圈套。

【译文】　所谓唆使，就是用利益去引诱敌人。如果仅用小利引诱，而又不先提供某种方便以使敌人得到些利益，那么敌人就会犹豫不前。因此，使用上屋抽梯的骗局，也必须先安置好梯子，或者示意梯子在哪里。

第二十九计　树上开花[①]

借局布势，力小势大。鸿渐于陆，其羽可用为仪[②]也。

【注释】　①树上开花：借着别人的兵力来慑服敌人的一种谋略。原来的意思是：不容易开花的树，突然开了花，词义大概是从“铁树开花”转化来的。

②鸿渐于陆，其羽可用为仪：语出《易·渐》：“上九，鸿渐于陆，其羽可用为仪，吉。”《周易姚氏学·渐》：“（注）虞翻曰：鸿，大雁也；

渐，进也。”仪，仪表。卦象意思是大雁在高空云端缓缓飞起，它的羽翼助长了飞翔的气势。此计用于军事上是指弱小的部队巧借别人的力量而布阵严整，使军队显得有气势。

【译文】　巧借别人的局面布成有利的阵势，使本来力量较弱小的部队变得声势浩大。这就像《易·渐》中说的鸿雁高飞，要借助它的羽翼推动来助长气势是同样的道理。

【按】

此树本无花，而树则可以有花。剪彩粘之，不细察者不易觉。使花与树交相辉映，而成玲珑[①]全局也。此盖布精兵于友军之阵，完其势以威敌也。

【注释】　①玲珑：精巧可爱的样子。

【译文】　这棵树本来没有生长花朵，但是可以使它变得有花。裁剪一些彩色的花粘在树上，如果不仔细观察的话，就不会发觉出这是假的。让美丽的花朵与树枝交相辉映，可使其成为一个巧妙的完整局面。这就是把精锐部队布置在友军的阵地上，使之形成一个完整的强大阵势，以威慑敌人。

第三十计　反客为主[①]

乘隙插足，扼其主机[②]，渐之进也[③]。

【注释】　①反客为主：本意为主人不会待客，反受客人招待。比喻变被动为主动。军事上指乘机扩充实力、兼并他人的军队，变客军为主军的大谋略。

②主机：筹划计谋，发号施令，掌握大权的机构。

③渐之进也：语出《易·渐》："渐之进也，女归吉也，进得位，往有功也。"渐：逐渐。归：女子出嫁。得位：指尊位，高贵的地位。意思是：循序渐进，按仪式行事，女子出嫁就吉利，能得到尊贵的地位，行为也会有功。军事上比喻要想渗透入敌人的首脑机关，就必须循序渐进，逐步夺取大权。

【译文】 乘着对方的空隙渗入其中，掌握对方的首脑机关或要害部门，就必须循序渐进。

【按】

为人驱使者为奴，为人尊处[①]者为客；不能立足者为暂客，能立足者为久客；客久而不能主事者为贱客，能主事则可渐握机要，而为主矣。故反客为主之局：第一步须争客位；第二步须乘隙；第三步须插足；第四步须握机；第五步乃成功。为主，则并人之军矣。此渐进之阴谋也。

【注释】 ①尊处：尊敬的对待。

【译文】 被人驱使的是奴隶，受人尊敬的是贵客；不能在主人家站稳脚跟的是暂时的客人，能够在主人家站稳脚跟的是长久的客人；长期当客人而不能参与主事的是地位卑下的客人，能够参与事务就可以逐渐掌握大权的客人，慢慢地就会变成了主人。因此，反客为主的局势演变：第一步要争取获得客位；第二步要学会钻空子；第三步必须插足进去；第四步要掌握大权；第五步就变成了主人。做了主人，当然也就兼并了他的军队了。这是一种循序渐进而反客为主的计谋。

第六套　败战计

第三十一计　美人计[①]

兵强者，攻其将；将智者，伐其情[②]。将弱者兵颓，其势自萎。利用御寇，顺相保也。[③]

【注释】　①美人计：用美女为诱饵，诱惑敌人上当的诡计。多见于古典小说。该计或出自《韩非子·内储说下》："晋献公伐虞、虢，乃遗之屈产之乘、垂棘之璧、女乐二八，以荣其意而乱其政。"

②将智者，伐其情：将帅足智多谋的，可以从感情上加以进攻、软化。

③利用御寇，顺相保也：御，控制、驾驭；寇，仇敌。语出《易·渐》："利用御寇，顺相保也。"意思是利用敌人的弱点去控制敌人，保存自己的力量。

【译文】　如果敌人兵力强大，就应该主要对付他的将帅；如果将领足智多谋，就应该设法去打击将领的意志、情绪。将帅意志衰弱，部队就会士气消沉，敌军的势力就会自然萎缩。这就是《易·渐》中所说的：利用敌人的弱点去控制敌人，保存自己的力量。

【按】

兵强将智，不可以敌，势必事之。事之以土地，以增其势，如六国之事秦①，策下之最下者；事之以布帛，以增其富，如宋之事辽、金②，策之下者；惟事之以美人，以佚其志，以弱其体，以增其下之怨，如勾践之事夫差，乃可转败为胜。

【注释】 ①六国之事秦：战国时期，六国对秦屈服。秦国采用张仪的连横策略，分化瓦解了韩、赵、魏、楚、燕、齐六国的联盟，六国纷纷割让土地向秦国表示屈服，秦国得寸进尺，最后攻灭了六国，统一天下。

②宋之事辽、金：指北宋向辽国、南宋向金国屈服。北宋真宗时，与辽国议和，每年向辽国纳银十万两，绢二十万匹。仁宗时，又各增加十万。南宋高宗时，与金国议和，每年向金国纳银二十五万两，绢二十万匹，宁宗时又有所增加。

【译文】 敌人兵力强大，将帅又足智多谋，因此不可以与之争锋，形势决定了只能暂时服侍顺从敌人。割让土地来讨好敌人的，使敌人的势力更加强大，就像战国时期东方六国侍奉秦国一样，是最下等的策略；拿出金银玉帛来讨好敌人的，使敌人更加富有，就像两宋侍奉辽、金二国一样，这也是下等的策略；只有用美色侍奉敌人的，才能消磨敌人的斗志，削弱敌人的体质，并且增加其部下的怨恨之情，就像越王勾践屈身服侍吴王夫差那样，才可以由弱变强、转败为胜。

第三十二计　空城计[①]

虚者虚之，疑中生疑；刚柔之际[②]，奇而复奇。

【注释】　①空城计：利用虚虚实实的惑敌手段，故意暴露城里空虚无兵，反而引起敌人的疑心怕有伏兵，因此撤围而去的计谋。此计典出《三国志·蜀书·诸葛亮传》。在街亭失守后，司马懿进军诸葛亮大帐所在地西城，诸葛亮兵力单薄，用疑兵之计大开城门，派人洒扫街道，司马懿疑有伏兵，引军后退。现比喻掩盖自己力量的不足，以使对方迷惑或后退，有时也有贬义。

②刚柔之际：语出《易·解》："刚柔之际，义无咎也。"意思是：刚柔相应，自然就无害了。用于军事上，指在敌我力量对比悬殊时，虚虚实实，就可以保存自己。

【译文】　兵力本来空虚，在表面上进一步显示自己的虚弱，让敌人在怀疑中更加疑惑。在敌众我寡的悬殊情况下，虚虚实实，采用这种计谋，显得用兵更为奇妙莫测。

【按】

虚虚实实，兵无常势[①]。虚而示虚，诸葛而后，不乏其人。如吐蕃[②]陷瓜州[③]，王君焕[④]死，河西[⑤]汹惧。以张守珪[⑥]为瓜州刺史。领余众，方复筑州城。版幹裁立[⑦]，敌又暴至，略无守御之具，城中相顾失色，莫有斗志。守珪曰："彼众我寡，又疮痍之后，不可以矢石相持，须以权道制之。"乃于城上，制酒作乐，以会将士。敌疑城中有备，不敢攻而退。又如齐祖珽[8]为北徐州[9]刺史，至州，会有陈寇[10]，百姓多反，珽不关城门，守陴[11]者，皆令下城，静坐街巷，禁断行人。鸡犬不乱鸣吠。贼无所见闻，不测所以。疑惑人走城空，不设警备。珽复令大叫，鼓噪聒天，贼大惊，登时走散。

【注释】 ①兵无常势：用兵没有固定的方式。见《孙子·虚实篇》："水因地而制流，兵因敌而制胜。故兵无常势，水无常形。"

②吐蕃：唐时藏族所建政权。公元七至九世纪时在青藏高原建立。定都拉萨，共历九主，二百余年。吐蕃是唐人对这一政权的称谓，在吐蕃政权崩溃后，宋、元、明初史籍仍沿称青藏高原及当地土著族、部为吐（土）蕃，或称西蕃（番）。

③瓜州：州名。唐武德五年置。治所在晋昌（今甘肃安西东南）。辖境相当于今安西附近一带。公元八世纪后期至九世纪中叶曾属吐蕃，五代时依附回鹘，1036年后属于西夏，夏亡后废。元至元十四年（1277年）复置，后废。

④王君焕：唐代瓜州常乐人，字威名。唐玄宗开元中为河西陇右节度使，以击破吐蕃功，升任大将军。后吐蕃攻陷瓜州，回纥等部叛乱，王君焕力战而死。

⑤河西：唐方镇名。景云二年（711年）置河西节度使，开元、天宝间为十节度使之一。治所在凉州（今甘肃武威）。辖境相当今甘肃省

河西走廊。安史乱后地入吐蕃。

⑥张守珪：唐代陕西人，开元中为瓜州刺史，因打败吐蕃有功，官升至辅国大将军。

⑦版幹裁立：版，是夹板；幹，是筑墙夹板两头所立的木桩。古时筑墙，两个板子相夹，当中放土，用杵舂坚实。裁，通“才”。裁立，刚刚安好。

⑧祖珽：北齐范阳人，字孝征，曾任北徐州刺史。大军围困北徐州时，在援兵未到的情况下，祖珽孤军守城，保住了徐州。

⑨北徐州：北齐设置，治所在今安徽凤阳东北。

⑩陈寇：陈，指南北朝时期南朝的陈国。寇，指入侵、进攻。《北齐书》称陈国军队为“陈寇”。

⑪守陴：守城、守卫。见于《左传·宣公十二年》：“楚子围郑，旬有七日。郑人卜行成，不吉，卜临于大宫，且巷出车，吉。国人大临，守陴者皆哭。”

【译文】 用兵之法常常是虚虚实实的，没有固定的方式。兵力虚弱的又故意显示其兵力虚弱的一面，自从诸葛亮以来，运用这一计谋取胜的人为数不少。如唐玄宗时，吐蕃攻陷瓜州城，守将王君焕战死，河西一带的老百姓非常惶恐不安。此时，张守珪被派往瓜州担任刺史。他率领剩下的部众修复城墙，刚刚装好筑墙的夹板木桩时，敌人又突然前来突袭。城里几乎没有任何可以防御作战的设施，部众们都大惊失色，面面相觑，丧失了斗志，不知如何是好。张守珪说：“敌众我寡，而且处于战争的创伤之后，我们不能够用弓箭、擂石等器具与敌人对抗，必须想办法用智谋取胜。”因此，他命令在城墙上摆好酒席，与将士们饮酒作乐。敌人见了，怀疑城中设有伏兵，便不敢攻城，于是撤退了。又比如，北齐祖珽在担任北徐州刺史时，刚到州城上任，就有南陈大军入侵，当地的百姓们大部分也反叛了。祖珽命令不要关闭城门，叫守城的士兵从城墙上下来，静坐在街巷中，街道上禁止行人通行。全城寂静无声，鸡不鸣，狗不叫。入侵的南陈军队什么也看不到，什么也听不到，不知道城里的底细。他们怀疑这是一座空城，守军已经逃走，没有任何防备。正当敌人疑惑不解之际，祖珽命令士兵们大喊大叫，叫声震天。南陈军队大吃一惊，立即纷纷逃散了。

第三十三计　反间计[①]

疑中之疑[②]。比之自内，不自失也[③]。

【注释】　①反间计：故意散布谣言，使对方发生内斗，借以取胜的计策。见《长短经·五间》："陈平以纵反间于楚军，间范增，楚王疑之，此用反间计也。"《孙子兵法·用间篇》："反间者，因其敌间用之。"又《三国演义·第十三回》："闻郭汜之妻最妒，可令人于汜妻处用反间计，则二贼自相害矣。"

②疑中之疑：疑，疑心、怀疑，决心动摇、犹豫不决。《尉缭子·勒卒令》："虑不早决，则进退不定，疑生必败。"《草庐经略·疑敌》："兵以善断而胜，以多疑而败，故疑敌之法，兵家必有也。"

③比之自内，不自失也：语出《易·比》："象曰：比之自内，不自失也。"比，亲比、辅助，引申为勾结、利用。意思是有来自敌人内部的辅助，所以攻击敌人是有把握的，不会遭到损失。又见《孙子兵法·火攻篇》："火发于内，即早应于外。"

【译文】　在敌人犹豫、怀疑的疑阵中，再给敌人布置下疑阵。这就像

《易·比》中所说的：顺势利用敌人内部的间谍辅助我方做内应，我方就会取得胜利，而不会受到半点损失。

【按】

间者[①]，使敌自相疑忌也；反间者[②]，因敌之间而间也。如燕昭王[③]薨，惠王[④]自为太子时，不快于乐毅[⑤]。田单[⑥]乃纵反间曰："乐毅与燕王有隙，畏诛，欲连兵王齐。齐人未附，故且缓攻即墨[⑦]，以待其事。齐人惟恐他将来，即墨残矣！"惠王闻之，即使骑劫[⑧]代将。毅遂奔赵。如周瑜利用曹操间谍[⑨]，以间其将[⑩]，亦疑中之疑之局也。

【注释】 ①间者：间谍。《十一家注孙子·用间篇》："因间者，因其乡人而用之。"杜牧注："因敌乡人，知敌表里虚实之情，故就用之，可使伺候也。"

②反间者：诱使敌方的间谍或其他人反为我用，制造其内讧而伺机取胜。《十一家注孙子·用间篇》："反间者，因其敌间而用之。"杜牧注："敌有间来窥我，我必先知之，或厚赂诱之，反为我用；或佯为不觉，示以伪情而纵之，则敌人之间，反为我用也。"

③燕昭王：战国时燕国君。名职。燕王哙的庶子。前311—前279年在位。原来流亡在韩。子之三年（前315年）齐攻破燕国，哙和子之被杀。他被赵国护送回国，前311年即位。改革政治，招徕人才。燕昭王二十八年（前284年），联合五国攻齐，派将军乐毅攻破齐国，占领齐国

七十多城。是燕国最强盛时期。后因求长生不老之术，吃丹药中毒而死。

④惠王：燕昭王之子，他做太子时，曾因说乐毅的坏话，被昭王处以笞刑，因而对乐毅心怀不满。前279年即位，中了田单的反间计，改用骑劫代替乐毅为攻齐军主帅，被田单乘机反攻，大破燕军。此后，惠王方知乐毅有才能，后悔莫及。

⑤乐毅：战国时燕将。中山国灵寿（今河北平山东北）人。乐羊的后代。燕昭王时任亚卿。燕昭王二十八年（前284年），率军击破齐国，先后攻下七十多城，因功封于昌国（今山东淄博东南），号昌国君。燕惠王即位，中齐反间计，改用骑劫为将，他出奔赵国，被封于观津（今河北武邑东南），号望诸君。后死在赵国。

⑥田单：战国时齐将。临淄（今山东淄博东北）人。初为市吏。燕将乐毅破齐时，他坚守即墨（今山东平度东南）。齐襄王五年（前279年）施反间计，使燕惠王改用骑劫为将，他用火牛阵击败燕军，一举收复七十多城，被齐襄王任为相国，封安平君。齐王建元年（前264年）入赵，被任为相国，封平都君。

⑦即墨：古邑、古县名。在今山东平度东南。战国齐邑，秦置县，北齐废。前284年，燕将乐毅攻齐，连拔七十余城。唯即墨与莒不下。前279年，田单于此用火牛阵大败燕军，尽复齐地。前206年项羽徙齐王田市为胶东王，都此。西汉为胶东国治所。

⑧骑劫：战国时燕将。有勇力，好纸上谈兵，依赖与太子的关系，曾怂恿太子说乐毅的坏话。太子即位后，被派去代替乐毅为将，被田单击败，死于乱军之中。

⑨周瑜：三国吴国名将。字公瑾，庐江舒县（今安徽舒城）人。出身士族。少与孙策为友。后归策，为建威中郎将，助策在江东创立孙氏

政权。策死，与张昭同辅孙权，任前部大都督。建安十三年（208年），曹操率军南下，他和鲁肃坚决主战，并亲率吴军大破曹兵于赤壁。后病死。

曹操间谍：指蒋干。蒋干，字子翼，九江人，为曹操帐下宾客。赤壁之战时，他利用同周瑜同窗的关系，以访友为名，乘机进行间谍活动。不料被周瑜识破，并假设情况，对他加以利用。蒋干窃取假情报回营，曹操中了反间计而误杀了水军都督蔡瑁、张允。

⑩将：指水军都督蔡瑁、张允。

【译文】 所谓间谍，就是使敌人自相怀疑和猜忌。所谓反间，就是利用敌人派来的间谍反过来去离间敌人。比如战国时燕昭王死后，燕惠王继位。惠王在当太子时，就对大将乐毅心怀不满。齐国大将田单利用这一矛盾，乘机派间谍去燕国施行反间计，在燕国散布谣言说："乐毅与燕王不合，害怕燕王会杀掉他。因此借攻打齐国的名义，想要联合在齐国的军队，在齐国自立为王。因为齐人还没有完全归附他，所以他暂时不急于攻破即墨城，为的是等待时机，使自己的大事成功。齐国人最担心的是怕燕王改派其他大将来，那样的话，即墨城也许早已被打下来了。"燕惠王听说后，便改派骑劫代替乐毅为燕军主帅，乐毅于是只得逃亡赵国。又比如三国时周瑜利用曹操派来的间谍，去离间曹操的大将，也是在疑阵中再布置疑阵的谋略。

第三十四计　苦肉计[1]

人不自害，受害必真；真真假假，间以得行。童蒙之言，顺以巽也[2]。

【注释】　①苦肉计：故意伤害自己的肉体以骗取敌方信任的计策。此计最早见于《吴越春秋》卷二《阖闾内传第四》要离刺杀庆忌：据载吴王阖闾利用专诸杀死吴王僚即位后，因担心勇武过人的僚之公子庆忌报仇，便采纳了勇士要离的“苦肉计”，斩断自己的右手，杀死家人，以便取得庆忌的信任，然后乘机行刺庆忌。

②童蒙之言，顺以巽也：语出《易·蒙》：“象曰：童蒙之言，顺以巽也。”意思是利用敌人的弱点进行活动，如同逗弄不懂事的孩童，只要顺着他，他就会乖乖听你的话。

【译文】　人一般不会自己残害自己，因此，一旦受到伤害，旁人一般就会相信他真的受到了伤害。如果能够使对方相信是真的不是假的，离间的计谋就可以施行了。正如《易·蒙》中说的：幼童蒙昧无知，只要顺着他，他就会乖乖听你的话。

【按】

间者，使敌人相疑也；反间者，因敌人之疑，而实其疑也。苦肉计者，盖假作自间以间人[①]也。凡遣与己有隙者以诱敌人，约为响应，或约为共力者，皆苦肉计之类也。

【注释】　①假作自间以间人：假作自己内部有矛盾，去离间敌人。

【译文】　间谍，就是利用矛盾使敌人互相猜疑；反间谍，就是利用敌人多疑的心理，利用敌人离间我的阴谋，将计就计，从而加深敌人的猜疑心理。苦肉计，就是假装自己内部有矛盾，以便打入敌人内部乘机离间敌人。凡是派遣与自己有矛盾的人去引诱敌人的，不论是约定作为内应，或者是约定作为共同协作的，都是属于实施苦肉计的计谋。

第三十五计　连环计[1]

将多兵众，不可以敌，使其自累[2]，以杀[3]其势。在师中吉，承天宠也[4]。

【注释】　①连环计：计中有计，连续施用两个及以上的计谋。明人揭暄《兵法圆机·迭》："大凡用计者，非一计之可孤行，必有数计以襄之也。"

②自累：自相拖累、钳制。

③杀：消减。

④在师中吉，承天宠也：语出《易·师》："象曰：在师中吉，承天宠也。"师，军队。吉，吉祥、胜利。承，接受。天宠，天助。意思是军队要想取得胜利，只要将帅英明，指挥得当，克敌制胜就像有如神助一样。

【译文】　敌军将领众多，兵力强大，不能和敌人硬拼，应当使用计谋使他们自相拖累、相互钳制，从而来消减敌军的气势。这就是《易·师》中说的：军队要想取得胜利，只要将帅英明，指挥得当，克敌制胜就像有天神相助一样。

【按】

庞统[1]使曹操战舰勾连[2]，而后纵火焚之，使不得脱。则连环计者，其法在使敌自累，而后图之。盖一计攻敌，两计扣用，以摧强势也。如宋毕再遇[3]，尝引敌与战，且战且却，至于数四。视日已晚，乃以香料煮黑豆，布地上，复前搏战，佯败走。敌乘胜追逐，其马已饥，闻豆香，就食，鞭之不前。遇率师反攻之，遂大胜。皆连环计也。

【注释】 ①庞统：字士元，襄阳（今湖北襄阳）人。初与诸葛亮齐名，号称“凤雏”。赤壁之战时，他巧用诈降及劝曹操把战舰勾连起来的计谋，使曹军在赤壁之战遭到惨败。刘备得荆州后，以为谋士，与诸葛亮同任军师中郎将。后从刘备入蜀，刘备采其议，进兵成都。建安十九年（214年）攻雒城，中流矢死。

②战舰勾连：把许多战船的首尾用铁环连锁固定起来。

③毕再遇：宋代兖州人，字德卿。有谋略，精通军事，为抗金名将。毕再遇初以恩庇补官，隶侍卫马军司。开禧二年（1206年），随军北伐，屡立战功，迁为武功大夫。后因功历任镇江都统制兼权山东、京东招抚司事，骁卫大将军。因其勇猛过人，熟知兵略，且善于驾驭兵将，威名远扬。

【译文】 赤壁之战时，庞统诈降曹操，设计使曹操把战舰用铁环连接固定起来，然后纵火焚烧曹军舰船，使曹军船只无法逃脱。由此来看，使用连环计的方法，就是让敌人自相拖累、互相钳制，然后再进行攻击。使用一个计策束缚或拖累住敌人的手脚，再用另一个计策攻击敌人，两条计策结合使用，就能摧毁强大实力的敌人。比如宋代抗金名将毕再遇，曾设计引诱敌人前来交战，边战边退，三番五次的把敌人纠缠住。到了天色已晚时，他命令用香料煮黑豆，混在一起，撒在阵地上，又前往挑战敌军，假装战败而逃。敌人乘胜追击，可是他们的战马已经很饥饿了，饥饿的战马闻到地上豆子的香味，便只顾抢着吃豆子，任凭敌人用鞭子鞭打，也不肯走动。这时，毕再遇乘机率领部队展开反攻，因而大获全胜。以上这些都是使用连环计之类的谋略。

第三十六计　走为上计[①]

全师[②]避敌，左次无咎，未失常也[③]。

【注释】　①走为上计：遇到强敌或陷于困境时，以离开回避为最好的策略。语出《南齐书·王敬则传》：“檀公三十六策，走是上计。”军事上，指在敌我力量悬殊的不利形势下，采取有计划的主动撤退，避开强敌，保存实力，以寻求战机，东山再起。

②全师：全，作保全讲，意思是保全全军实力不受损伤。

③左次无咎，未失常也：语出《易·师》：“象曰：左次无咎，未失常也。”《六十四卦经解·师》：“此量敌而后进，虑胜而后会者。”左次，指军队向后撤退。咎，错误、罪责。古时兵家尚右，右为进、为前，左为退、为后。此句意思是在不利的情况下，军队根据情况后撤，并不是错误，而是合乎用兵的常理。

【译文】　在形势不利的情况下，为了保全军队实力，应该主动退却，避免与敌人决战。这就像《易·师》中说的：根据情况退却避敌并不是错误，而是合乎用兵常理的一种方法。

【按】

敌势全胜，我不能战，则必降、必和、必走。降则全败，和则半败，走则未败。未败者，胜之转机也。如宋毕再遇[①]与金人对垒，一夕[②]拔营去，留旗帜于营，豫[③]缚生羊悬之，置前二足于鼓上；羊不堪倒悬，则足击鼓有声。金人不觉，相持数日。始觉之，则已远矣。可谓善走者矣。

【注释】　①毕再遇：见第三十五计注。

②一夕：一夜。《左传·僖公三十三年》："居则具一日之积，行则备一夕之卫。"

③豫：事先。

【译文】　在敌人占据全胜的有利态势，我方无法战胜敌人时，就只有投降、讲和、退却三条出路。投降，是彻底的失败；讲和，是一半的失败；退却，则不是失败，而是转败为胜的机会。如宋代毕再遇与金人对阵，因为敌强我弱，他便在一个晚上将军队全部撤走，而把旗帜留在营房前，并预先把一些活羊倒吊起来，将羊的两只前蹄子放在鼓面上。羊忍受不了倒吊的痛苦，两腿不停地乱踢，频频击打鼓面，发出咚咚的鼓声。金人不知道宋军已经撤退了，相持了数天。等到金人发觉时，宋军则早已走远了。这可以说是善于撤退的典型战例了。

跋

夫战争之事，其道多端。强国、练兵、选将、择敌、战前、战后，一切施为，皆兵道也。惟比比[①]者，大都有一定之规、有陈例可循，而其中变化万端，诙诡奇谲[②]、光怪陆离、不可捉摸者，厥[③]为对战之策。“三十六计”者，对战之策也，诚大将之要略也。闲尝论之：胜战、攻战、并战之计，优势之计也；敌战、混战、败战之计，劣势之计也。而每套之中，皆有首尾、次第。六套次序，亦可演以阴……（下缺）

【注释】 ①比比：谓到处都有或处处都有。

②诙诡奇谲：奇奇怪怪的欺诈权术。诙，诙虐。诡，欺诈。谲，欺诈。

③厥：代词，这、那、这些的意思。

【译文】 有关战争的事情，它涉及的内容非常丰富。诸如增强国防、训练士兵、选拔将领、决定作战的对象、战前的动员和战后的补充休整等等，全部活动，都是军事工作。所有这一切工作，大都有一定的规律和历史经验可资遵循和借鉴，而其中变化万千、奇谲诡诈、奇奇怪怪的各种难以捉摸的阴谋，那是对敌作战的策略。“三十六计”，就是这种对战的策略，它的确是将领们指挥作战时的重要谋略。我在闲暇时曾对此进行过一些讨论，认为：胜战、攻战、并战的计谋，是处于优势时所施行的计谋；敌战、混战、败战的计谋，是处于劣势时所施行的计谋。而每套计谋之中，都有各自的首尾和次序。根据六套计谋的次序，还可以推演出更多隐秘的……（下缺）